KİNSUN

PES ETME MUCİZELER YOLDA

DESTEK yayınları

DESTEK MEDYA GRUBU

DESTEK YAYINLARI: 1378
KİŞİSEL GELİŞİM: 223

KİNSUN / PES ETME, MUCİZELER YOLDA

İmtiyaz Sahibi: Yelda Cumalıoğlu
Genel Yayın Yönetmeni: Ertürk Akşun
Yayın Koordinatörü: Özlem Esmergül
Editör: Özlem Esmergül
Son Okuma: Devrim Yalkut
Kapak Tasarım: İlknur Muştu
Sayfa Düzeni: Işıl Ilgıt Şimşek
Sosyal Medya-Grafik: Tuğçe Budak - Mesud Topal

Destek Yayınları: Kasım 2020
20. Baskı Aralık 2020
40. Baskı Ocak 2021
50. Baskı Şubat 2021
Yayıncı Sertifika No. 13226

ISBN 978-625-441-017-8

Abdi İpekçi Caddesi No. 31/5 Nişantaşı/İstanbul
Tel. (0) 212 252 22 42
Faks: (0) 212 252 22 43
www.destekdukkan.com
info@destekyayinlari.com
facebook.com/DestekYayinevi
twitter.com/destekyayinlari
instagram.com/destekyayinlari
www.destekmedyagrubu.com

Deniz Matbaa Mücellit - Çetin Koçak
Maltepe Mahallesi Hastane Yolu Sok No. 1/6
Zeytinburnu / İstanbul
Sertifika No. 48625

DESTEK yayınları KARAKARGA BEYAZ BAYKUŞ genç DESTEK

KİNSUN

PES ETME MUCİZELER YOLDA

DESTEK
yayınları

İÇİNDEKİLER

Naz Eva'ma…

*"Mutlu olmak için kimseye ihtiyacın yok.
Al çayını, kahveni, tak kulaklığını.
Aç en sevdiğin müziği. Ve okumaya başla...*

*Memento vivere:
Unutma yaşıyorsun."*

"Her sabah uyandığında
kendine şunları söylemeyi unutma:
Bugün de uyandığım için şanslıyım,
kıymetli bir hayatım var
ve bunu boşa harcamayacağım,
tüm enerjimi kendimi geliştirmek,
kalbimle başkalarına da ulaşmak,
herkesin iyiliğini sağlayacak şekilde
aydınlanmak için kullanacağım.
Başkalarına karşı iyi niyetli olacağım,
öfkelenmeyeceğim
veya onlar hakkında
kötü düşünmeyeceğim."

– Dalai Lama

"Sıradan olmaya ve size dayatılanları yapmaya daha ne kadar dayanacaksınız? Kendiniz olmak için pek fazla zamanınız yok."

– Epiktetos

Hayat boyu sahip olabileceğiniz en değerli şey

Çok sevdiğim bir matematik öğretmenim vardı lisedeyken. Ders için sınıfa ilk kez girdiğinde, her yeni öğretmende başımıza geldiği gibi, meraklı gözlerle onu süzmüştük. "Merhaba" dedi içeri girer girmez, masasına yönelirken. Sessizlik oldu sonra bir an. Eline kalemi aldı ve tahtaya kocaman bir tane 1 rakamı çizdi hiçbir kelime sarf etmeden. Birkaç arkadaş, "Yahu ilk ders, ilk dakika hemen konu mu anlatılır?" dercesine birbirimize bakıştık. En azından ismini cismini bir söyleseydi, bizler de sırayla birkaç cümle ile kendimizi tanıtıp derse devam etseydik olmaz mıydı? En azından bir ders bile kaynasa kârdı bizim için.

1 rakamını yazdıktan sonra bizlere döndü ve "Bakın çocuklar..." dedi. "Bu 1 sizin iç huzurunuzdur." Daha sonra 1'in yanına bir tane 0 ekledi: "Bu ise sevgidir. Huzur ile sevgi birleşince 1'i 10 yapar." Sonra bir tane 0 daha yazıp bir arkadaşa söz hakkı verdi: "Peki sence bu nedir?"

"Bu çalışkanlıktır hocam, 10 iken 100 oluruz."

Hoca birer 0 ekledikçe birçoğumuza söz hakkı vererek bize ne ifade ettiğini sordu. Disiplin, para, yetenek... Hepimiz kendimizce bir şeyler eklemiştik heyecanla. Aramızda, daha ilk dersten hocanın gözüne girmek için, eklediğimiz 0'lardan birine "Matematik bilgisi hocam!" diyen bile olmuştu. Eklediğimiz her 0, 10 kat artırıyordu başarımızı. Anlamıştık. Sonra eline silgiyi aldı, en baştaki 1'i sildi. Geriye bir sürü 0 kalmıştı. Ve şöyle dedi:

"İç huzurunuz yoksa bu saydığınız her şey hiçtir arkadaşlar. Evet, şimdi tanışalım mı?"

Tabii o yaşlarda bunu anlamak biraz güç oluyor. İnsan ancak zamanla bunun farkına varabiliyor. Günler, yıllar geçtikçe, kendin ile baş başa geçirdiğin süre çoğaldıkça daha iyi anlıyorsun 1 rakamının yanındaki tüm sıfırların aslında bize birer emanet olduğunu, geldikleri yere elbet geri döneceklerini. Arzular, istekler asla bitmek tükenmek bilmeyen saman alevi gibidirler. İstediğini elde ettiğin anda arkasından hemen bir hayal kırıklığı başlar, çünkü bunlar insana anlık tatmin ve mutluluk sağlar. İşte bunun farkına varabildiğinde, ancak o zaman Epiktetos'a hak verebiliyorsun:

"Aslında kaybedecek hiçbir şey yok.
Biz 'O şeyi kaybettim' demeyi bırakıp,
onun yerine 'O şey geldiği yere döndü' dediğimizde,
içsel huzur başlar..."

Kendime dürüstçe ve çok net şu cevabı verebiliyorum: Önemsediğim tek şey var artık: İç huzuru bulmak.

Kitabı okumaya başlamadan önce sizden bir isteğim var. Elinize bir kâğıt ve kalem alın. Sizi mutluluğa götürecek her madde için bir tane 0 rakamı koyun. Ve kendinize dürüstçe şunu sorun sonunda: "Bu kadar sıfırın bir anlamı olması için bana lazım olan tek şey nedir?"

En büyük sorun ne istediğinden bihaber olmaktır. Doyumsuzluk içinde, gafletle bir şeyler isteyip duruyoruz. Birçoğu belki gerçek oluyor ama yine de suçlayacak bir şeyler buluyoruz. Neyi aradığımızın farkına varmalıyız öncelikle. Neyi arıyorsanız ona göre okuyun gelecek satırları. Çünkü söz veriyorum, aradığınız o 1 rakamını bulacaksınız bu kitapta.

"Eşe dosta akıl vermek bize özgüdür. Akıl vermeye bayılırız.
Karşımıza biri çıksın da aman şuna
iyi bir akıl verelim diye, yolları gözleriz.
Akıl vermekten yana
bizim kadar cömert insanlar var mıdır?"

– Aziz Nesin

Seyirci jokeri

Televizyonda çok fazla vakit öldürmeyi sevmiyorum. Müdavimi olduğum program da yoktur. Denk gelirse milli maçlar, bilgi yarışmaları ve gezi programları benzeri yayınları ara sıra izliyorum. Çoğumuzun izlediği bir bilgi yarışmasında "seyirci jokeri" denen bir hak bulunuyor. Yarışmacı sorunun cevabından emin olmadığı zaman soru salondaki seyircilere yöneltiliyor ve yarışmacı verilen cevaplara göre genellikle seyircinin en çok oyladığı şıkkı seçiyor.

Geçenlerde yine kanallar arasında gezerken denk geldi, başladım izlemeye. Yarışmacı, seyirci joker hakkını kullanmak istedi. Şöyle bir soruydu:

"Kredi kartı numarası kaç hanelidir?"

Seyircinin büyük kısmı doğru cevap verememişti. Demek ki çoğunluğun fikrinin her zaman doğru olması gerekmiyordu. Kimse cebinden kartı çıkarıp on altı rakamlı söz konusu numarayı neden saymamıştı o ana kadar?

Konfüçyüs'ün çok sevdiğim bir sözü vardır:

"Çok kişiyle konuş. Az kişiyle düşün.
Tek başına karar ver."

Şöyle bir düşünün bakalım, hayatınızın evrelerini gözünüzün önüne serin. Küçükken yiyeceğiniz yemekten öğrenciyken gideceğiniz okula; mezun olduğunuzda hangi mesleği edineceğinizden evleneceğiniz kişiye kadar -yok artık demeyin, ciddenöyle- birçok konuda yaşam boyu seçimlerimize müdahale edilmedi mi?

Ben ihtiyacım olanın bir karar vermek olduğunu fark ettiğimde, onu oylamaya sunmuyorum artık, sadece bir seçim yapıyorum. Siz de bunu deneyin. Kime danışırsan danış, ne kadar araştırırsan araştır her seçim, sonunda bir an meselesidir. Bu tek başına bir harekettir ve bize aittir; kimse bizim yerimize seçim yapamaz, karar veremez. Ve en önemlisi sadece kendi yaptığımız seçimlerin sorumluluğunu samimiyetle üstlenebiliriz.

En nihayetinde de yaptığımız seçimlerin bedelini -iyi ya da kötü- kendimiz öderiz, bize akıl verenler değil.

Harvard Ekonomi Okulu'nda yürütülen bir araştırma, yöneticilerin başarılarının %80'inin, bu kişilerin sezgileri veya içgüdüleri ile hareket etmelerine bağlı olduğunu göstermiştir. Sezgilerinize güvenin. İçsesinize her zaman kulak verin. Ben öyle yapıyorum.

Maya Angelou diyor ki:

"İçsesinize ve içgüdülerinize güvenin.
Kendinizi dinleyin.
O sükûnet içinde Tanrı'nın sesini duyacaksınız."

Sezgiler önemli ancak stresli olduğumuz, yorgun hissettiğimiz anlarda seçim yapmaya çalışırken içgüdümüzün bize yolladığı gizli mesajları kaçırma olasılığımız da artıyor.

Her bireyin doğruları, vazgeçilmezleri vardır. Ve bazıları bu konularda asla taviz vermezler. Ayrıca çevrenizde muhtemelen çok bildiğini sanan ve aslında hiçbir tecrübesi, bilgi birikimi olmayan birçok fikir ishali insan da vardır. Tüm bunlar size bilgi kirliliği ve yanlış yönlendirme olarak geri döner. En zoru da her kafadan bir ses çıkmasıdır. Bunu desteklemek için hemen akla Romalı ünlü komedya ozanı Terentius'un –tam adıyla Publius Terentius Afer– güzel bir deyişi geliyor:

"Quot homines, tot sententiae."

Bunu, *"Ne kadar çok insan, o kadar farklı düşünce"* olarak çevirirsem sanırım doğru olur. Peki, her konuda görüş bildirmenin ve bu aşırı özgüvenin kaynağı nedir? Elbet birçok sebep sayılabilir. Ancak bana sorarsanız kitap okumamanın ve kendini geliştirmemenin payı bunda oldukça fazla. Ülkemizde kişi başına 8,4 kitap düşüyor. Kitap okumaya ayırdığımız süre günde yaklaşık 1 dakika. Buna karşılık TV izlemeye ise yaklaşık 6 saat ayırıyor, internet içinse 3 saatimizi harcıyoruz. Japonya'da bir kişiye yılda 25 kitap düşüyormuş bu arada. Hatırlatayım. Ders kitabı dışında basılan kitap sayısı da ABD'de yaklaşık 70 bin, Avrupa ülkelerinde ortalama 50 bin, ülkemizde ise 6 bin civarında. Tabii bu arada bir paket sigaraya 20 lira, 1 fincan kahve falına 50 lira verebilirken, ömür boyu rafta saklayacağımız bir kitap 20 lira diye sızlanabiliyoruz. Başka sözüm yok hâkim bey. Asın beni.☺

Bir ara Osho'dan güzel bir hikâye okumuştum. Birilerine ne zaman bir konuda danışma gereği duysam aklıma gelir.

Adamın biri yakın zamanda bir dükkân açar. Dükkânının tepesine "Burada Taze Balık Satılır" yazan büyük bir tabela asar.

Yanına bir arkadaşı gelir ve "Tabelada neden 'Burada' yazıyor?" der. "Başka nerede olacak ki?" Dükkân sahibi "Burada" kelimesini tabeladan kaldırır.

Başka bir arkadaşı gelir ve "Satılır? Elbet satılır. Hayrına dağıtmıyorsun, öyle değil mi?" der. "Satılır" kelimesi de tabeladan çıkar.

Üçüncüsü gelip de "Taze Balık mı? Balık bu. Zaten taze olmak zorunda. Bayat balığı senden kim alsın?" deyince "Taze" kelimesi de çıkartılır.

Dükkân sahibi boynunu eğer. Tabelada sadece "Balık" yazıyordur ve dördüncü arkadaşı gelerek "Balık? Bunu çıkarsan çok yerinde olur! Zaten bir kilometreden kokusunu alabilir herkes" der. Adam son kelimeyi de siler ve boş tabela ile baş başa kalır.

Beşinci bir arkadaşı gelir ve "Dükkânın tepesine boş bir tabela asmak çok saçma değil mi?" der ve dükkân sahibi tabelayı indirir.

Son bir arkadaşı daha gelir ve der ki: "Bu kadar büyük bir dükkân açtın. 'Burada Taze Balık Satılır' yazan bir tabela asamıyor musun?"

Hadi bakalım. Başladığımız yere geldik mi yeniden? Fizikte cisim nihayetinde yer değiştirmiyorsa yapılan iş sıfırdır deriz. Aynen dükkân sahibinin düştüğü durum gibi. Sonuç: Koca bir sıfır!

Her söyleneni dikkate almaya başlarsak aklımız daha çok karışır. Çoğumuzun kafa karışıklığının nedeni bu: Durmadan tavsiyelerde bulunan, hatta farklı tavsiyelerde bulunan bir sürü insanı dinlemek. Gerçek tavsiye size bir içgörü vermelidir, kendi yolculuğunuza çıkmanız için yardım etmelidir. Sizi daha uyanık hale getirmelidir ki siz ne yapılması ve ne yapılmaması gerektiğini kendiniz görebilin. Size ne yapmanız, ne yapmamanız gerektiğini söyleyen davranışlar tavsiye niteliği taşımaz. Olsa olsa emrivaki olur.

Unutmayın, 1+1 yalnızca matematikte 2 eder. Gerçek hayatta herkesin katsayısı farklıdır. Her olayın, her canlının bir küsuratı vardır. Bu yüzden sabit tavsiyelere ihtiyacınız yok sizin. Çünkü bugün doğru olan, yarın doğru olmayabilir ve bir durumda doğru olan başka bir durumda yanlış olabilir. Asıl ihtiyacınız olan sabit bir hayat modeli değil, bakış açısıdır.

"Açılmamış kanatların büyüklüğü bilinmez" der André Gide. Seçimini yap, kanatlarını aç ve süzül gökyüzünde. Sen bile kendine şaşıracaksın.

"Cahil bir toplum,
özgür bırakılıp kendine seçim hakkı verilse dahi,
hiçbir zaman özgür bir seçim yapamaz.
Sadece seçim yaptığını zanneder.
Cahil toplumla seçim yapmak, okuma yazma bilmeyen adama
hangi kitabı okuyacağını sormak kadar ahmaklıktır!"

\- Friedrich Nietzsche

Buridan'ın eşeği

Biliyor musunuz, rahmetli dedemin şu sözlerini aklımdan çıkarmıyorum hiçbir zaman:

"Öğreneceklerinle asla yetinme evlat. Hayat boyu öğrenci kalacaksın, alış buna."

Lise yıllarımı hatırlıyorum da -ülkenin en iyi 10 lisesinden birinde öğrenim görmenin ayrıcalığı şöyle dursun- oldukça eğlenceli ama bir o kadar da zorlu bir öğrencilik hayatı yaşamıştım. Üniversite yıllarında mezuniyeti dört gözle bekleyip kendi kendime "Bir mezun olayım, bir daha elime defter kitap alırsam iki olsun!" demiştim. Şimdi bunları anımsayınca, kendime çok gülüyorum. Aslında eğitim sistemini kurgulayan herkesin kara kara düşünmesi gereken bir durum bu. Eğitim insanı kitaptan, yaşam boyu öğrenmekten alıkoymamalı.

Yaşamın öğrettikleri bir ömür devam etmesine ediyor da üzerine üstlendiğimiz akademik eğitimler de tuzu biberi oluyor bunun. Bilirsiniz, ÖSYM'nin sınavları meşhurdur. Geçenlerde İngilizce YDS'ye (Yabancı Dil Sınavı) girmek gereği duymuştum. Native dediğimiz, New York'un yerlisi bir İngiliz arkadaşın bu sınavdan zar zor 70 aldığını, benim 97,5 notum olduğunu burada yazıp elbette hava atmayacağım.☺

Asıl konu şu: Hem sınavlar hem de hayat boyu karşıma çıkan seçimler esnasında yaşadığım ikilemler. Sizde de oluyor muydu bilmiyorum ama ilkokuldan bu yana test düzenine alışan bünyem, cevabından emin olmadığım soruyu boş bırakmaya meyilli hep. Ve bu durum farkına varmasam da hayat boyu devam eden seçimlerimde de sanırım devam ediyor. Teşbihte hata olmaz derler ya, ne zaman iki şık arasında kalsam kendimi Buridan'ın eşeği gibi hissediyorum. Neden mi?

Buridan, ortaçağın en tanınmış filozof ve rahiplerinden biridir. Bugün en çok bildiğimiz olaysa onun şu meşhur paradoksudur: Aç bir eşeği düşünün. Farklı yerlere konulmuş iki saman yığını arasında kaldığında hangisini tercih eder? Muhtemelen kendine daha yakın olanı, değil mi? Ancak Buridan'ın paradoksu burada başlıyor: Aç ve susuz bir eşek, kendine eşit mesafedeki su ve saman arasında kalırsa ne yapar? Kararsızlığı onun ölümüne neden olur. İki seçenek arasında kalıp hiçbirini tercih edemediğim sınav sorularına benziyor bu öykü. Ya da seçim yapmak zorunda hissettiğimiz, yaşam boyu karşımıza çıkan yol ayrımlarına benziyor biraz da. İkilemde kalan ve sonunda ölen eşeğin bu durumu aslında bize ne anlatmak istiyor? Eşit derecede fayda sağlayacağını düşündüğümüz iki seçenek arasında kaldığımız zaman birinin diğerinden daha iyi bir alternatif olacağı güne kadar bekliyoruz. Çünkü iki seçeneği de aynı oranda arzuluyoruz ve nihayetinde hiçbirini seçemiyoruz. Belki de Godot'yu bekliyoruz!

Peki ya seçenekler daha da arttığında ne oluyor? İki değil de, üç, beş, on, yüz, bin?

Süpermarket alışverişinden üniversite bölüm seçimlerine, içeceğimiz kahveden yiyeceğimiz peynire kadar bir sürü alanda o kadar çok alternatif sunuluyor ki bize. Ve "Seçeneklerin bolluğu psikolojik stres yaratarak insanları mutsuz eder" diyor özetle araştırmaların çoğu.

Beni tanıyanlar bilir, bazen sırf bu yüzden Sıtarbaks ve benzeri kahve satışı yapan yerlere uğramıyorum. Gerçi ben bu konularda biraz garibim açıkçası. Balık restoranına gidip tavuk şiş, kahve dükkânına gidip demli çay içmişliğim çoktur. İkizler burcu kararsızlığı da –çevremdekilere göre "dengesizliği" diyebilirsiniz buna.

Ne diyorduk, fazla seçenek... Kahve sırasında bekliyorum. Beynimin içi pazaryeri gibi. Cappuccino, Mocha, Macchiato'lar; Americano, Frappe, Latte, Espresso'lar havada uçuşuyor. E bir de bardak boyları var: Tall, Grande, Venti. Soğuk olanı var, sıcak olanı var. Buzlusu var, kremalısı var... Allahım sana geliyorum! Sıra bana geldiğinde dakikalardır kafamda hazırladığım "Ben bir Vayt Çaklıt Moka alayım" cümlesi ağzımdan "Abi bir çay ver sen bana!" ile son buluyor. Bardağın üzerine isim yazdıramamanın verdiği üzüntü ile çayımı alıp bir köşeye geçiyorum sonra.☺

Sheena Iyengar ve Mark Lepper adlı iki profesör bir araştırma yaptılar 2000 yılında. Kaliforniya'da bir markette iki stant açıp, birine 24 çeşit reçel, diğer standa ise yalnızca 6 adet reçel koydular. Gayet normal bir şekilde çoğunluk 24 farklı reçelin olduğu standa uğradı. Peki, sizce satışlarda durum nasıl oldu?

Liberal teori mantığıyla bakınca "geniş seçim" durumunda müşterilerin daha fazla reçel satın almasını bekler insan. Ancak 24 çeşit reçeli deneyen müşterilerin yalnızca yüzde 3'ü reçel satın alırken, diğer standa gidenlerin yüzde 30'u reçel satın alır. Zaman içinde buna benzer birçok deney yapılır ve şu kanıya varır araştırmacılar: Daha fazla seçenek insan motivasyonunu olumsuz şekilde etkiler.

Davranışsal iktisat ve psikolojide "seçenek aşırı yüklemesi" (overchoice ya da choice overload) ile adlandırılan bir kavram var. İlk kez *Future Shock* adlı kitabında Alvin Toffler tarafından detaylı olarak bahsediliyor. İnsanlar aşırı yükleme karşısında tercih yapmakta çok zorlanıyorlar ve onlarca seçenek arasından sağlıklı karar veremeyebiliyorlar.

Bu durum ilişkilerimize nasıl yansıyor sizce? İnsanlar daldan dala konuyorlar. Biraz abartılı gelebilir ama ne yapayım, kitabı biraz çekici hale getirmem gerek.☺ Nihayetinde insan ilişkilerimizde de bireyler arasında seçim yapmak zorunda kalıyoruz, sadece sucuk ya da reçel alırken değil. Bazılarına mesafe koyuyor, bazıları ile samimi oluyor, bazılarına ise âşık oluyoruz seçimlerimizin. Hal böyle olunca garantici bir yapıya sahip olan biz insanlar olası tüm seçenekleri açık tutarak kendimizi bir nevi sigortalıyoruz. Sibel'e sırılsıklam âşık olan Berkecan, ne olur ne olmaz diye eski sevgilisi Sümeyye'ye romantik mesajlar atıyor. Instagram'da yeni takipçisi olan Emine'ye sosyal medya tabiri ile DM'den yürüyor. İşyerinde Dilara'ya jestler yapıyor. Ve görüyorsunuz, olay Buridan'ın eşeğinden nerelere geliyor.

Hayat; risk almak, seçimler arasında bocalamak, bazen başarmak, bazen de başarıyı ıskalamaktır. Alışverişten eğitime, akraba ilişkilerimizden aşk hayatımıza her alanda net seçimler yapmak ve bu seçimlerimiz üzerinde emek harcamak inanın hem en kolayı hem de en faydalı olanı olacaktır.

"Annem hep,

'Herkesin kaderini kendisinin çizdiğine inanırım.

Tanrı'nın sana verdiğiyle en iyisini yapmalısın' derdi."

– *Forrest Gump* filminden

Bir karar vermek lazım

Yatılı okul hayatı yaşayanlar bilir. Tatil zamanları eve gittiğinizde bir hürmet bir hürmet. Babaannemin yaptığı dolmaların tadı damağımdadır hâlâ. Ama eve gelene kadar annelerin, büyükannelerin "Sen gelince ne yemek yapayım acaba?" sorunsalı asla bitmez. Her telefon görüşmesinde sorulur bu. Pilavın yanına kuru fasulye, köfte mi; yaprak sarması ile tarhana çorbası mı; tatlılardan sütlaç mı yapayım baklava mı? Bu kadınların en büyük kararsızlık nedenlerinden biridir değil mi?

Hepimizin hayatında dönüm noktaları vardır. Önemli yol ayrımlarında alacağımız kararlar hayati önemi haiz olabilir. Ancak çoğu insan günlük yaşamında aslında çok basit olan sorular karşısında kolayca karar veremiyor. Akşama ne yemek yapılacağından sabah işe giderken ne giyileceğine, kıştan itibaren yaz tatilinde nereye gidileceğine kadar yüzlerce konu üzerinde günlerce, aylarca düşünür dururuz. Bir şekilde karara varsa bile insan, bu sefer verdiği kararın doğru olup olmadığı konusunda kafasını sürekli meşgul eder. Ve bu çok yıpratıcı bir süreçtir. Peki, tereddüt, korku ve kaygı dolu bu sürece neden olan başlıca faktörler neler?

Neden sağlıklı karar veremiyoruz?

- **Hata yapmaktan korkuyoruz:** Hata yapmak da insan olmanın bir parçasıdır. En büyük sorunumuz zaten hata yapmak değil, aynı hatayı tekrar etmekteki üstün kabiliyetimizdir. "*Hata yapmak korkusuyla suç işliyoruz!*" der Horatius. Korkmayın. Yaşamın yadsınamaz kuralı bu; olmamız gereken insanlar olana dek hatalarımız ile baş başa kalacağız. Hata yaparım korkusuyla öylece kalmak, hata yapmaktan çok daha fazla pişmanlık doğurur.

- **Özgüvenimiz eksik:** Özgüvenin tam olması her zaman doğru kararlar vereceğimiz manasına gelmez. Sağlıklı özgüvene sahip kişiler zaten yanlış karar verebileceğini kabul edebilen kişilerdir. Alfred Adler'in önerdiği gibi: "*Eğer bir insana gerçekten yardım etmek istiyorsak ona cesaret ve özgüven vermeli ve hatalarını daha iyi görmesini sağlamalıyız.*"

Sağlıklı bir temele dayanmayan, fazla özgüven tehlikelidir. Charles Darwin, "*Cehalet bilgiden daha fazla güven verir*" der. Cehalet çoğu zaman kendilerini en iyiymiş gibi görenlerde saklıdır. Ve bu özgüven yanılsamasına neden olabilir.

- **Mükemmeliyetçiyiz:** Gereksiz ayrıntıya takılmak ve mükemmeliyetçi içgüdüler ile hareket etmek insanı karar verememeye yönlendiren bir karakter özelliğidir.

Çoğu zaman mükemmeli arama serüveninin altında toplumsal beklentilere karşılık verebilme çabası yatar. Bu kişiler, karşısındakilerin kendileriyle ilgili olağanüstü beklentilere sahip olduklarına inanır ve bu beklentileri karşılayamama ihtimali karşısında kişi dışsal bir baskı hisseder. İnsanların onu daima eleştireceği hissi ile kusursuz olması gerektiğini düşünür birey. Kendilerini büyük zahmetlere soktukları gibi başkalarına daha fazla zahmet verebilirler. Özellikle çocukluk döneminde yaptığı hatalar yüzünden bilinçsizce eleştirilen ve davranışları diğerleriyle kıyaslanan kişiler "mükemmeliyetçi" kişilik özelliği geliştirebilirler.

- **"Hayır" diyemiyoruz:** Size bir sır vereyim mi? En sevdiğiniz dahi olsa hayatınızdaki insanlara sınır belirleyin. Bu sınırları belirlemedikçe insanların taleplerinin esiri olursunuz. Çünkü insan hep talep eder. Başkaları için yaşamaktan vazgeçtiğinizde kendiniz için yaşadığınızın farkına varırsınız. Şöyle destekliyor bu konuda Stefan Zweig beni:

"Belki arada kaynarım diye düşündüğünüz müddetçe
birer köle olursunuz ve bütün eziyetleri hak edersiniz.
Yürekli olmalısınız; bugünlerde tek vazifeniz
hayır diyebilmek; kurbanlık gibi beklemek değil!"

Hayır diyebilmek de bir yürek hüneridir. Herkes başaramaz. Elinize bir kâğıt kalem alıp, samimiyetle bir liste oluşturduğunuzda onlarca evet dediğiniz maddenin pişmanlığını duyduğunuzu göreceksiniz. Ve eminim ki Marcel Proust'un şu satırlarındaki pişmanlığını birçok konuda siz de hissedeceksiniz:

"Nasıl ki bir arkadaşımız
birkaç fotoğraftan birini seçmemizi rica ettiğinde,
aralarından birini ötekiler kadar beğenmeyip reddedersek,
ben de her insana, bana gösterdiği suretle ilgili olarak,
'Hayır, bu olmasın, iyi görünmüyorsunuz,
size benzemiyor' diyebilmek isterdim."

Aynaya geçip kendime itiraf ettiğim maddeler bunlar. Siz de samimi duygularla eleştirin kendinizi bakalım. Muhtemelen aynı eksiklerde buluşacağımızı düşünüyorum.

Peki, kararsızlıkla nasıl mücadele etmeye çalışıyorum? Öncelikle şunu söylemeliyim ki kaybetmekten artık korkmuyorum!

- Artılarınızın ve eksilerinizin bir listesini yapın.

- Aldığınız kararların daha çok iyi yanlarına odaklanın.

- Hata yapma ihtimalinizi sevin.

- Mükemmelin, iyinin düşmanı olduğunu aklınızdan çıkarmayın.

- **1/1/1/1 Kuralı'nı uygulayın:** Bir karar vermem gerektiğinde kendime şu 4 soruyu soruyorum:

"Verdiğim bu karar 1 gün sonra bana ne hissettirecek?"
"Verdiğim bu karar 1 ay sonra bana ne hissettirecek?"
"Verdiğim bu karar 1 yıl sonra bana ne hissettirecek?"
"Verdiğim bu karar 1 ömür sonunda bana ne hissettirecek?"

Bunu kesinlikle denemelisiniz. Anlık olarak müthiş derecede önemli görünen bir şey 1 ay sonra aynı öneme sahip olmayabilir. Hatta konunun ne olduğunu bile unutmuş olabilirsiniz. İlk 3 soru dünyevi konularda, son soru ise uhrevi konularda karar almam için çok faydalı oldu bana şu ana kadar. Tavsiye ederim.

İnşirâh suresinde:

"Feinne mea'l usri yüsra"
"Şüphesiz güçlükle beraber bir kolaylık vardır" der.

Bizler o güçlüğün yanındaki kolaylığa muhtacız Allahım.
Bir inşirah ferahlığı ver ömrümüze ve yüreğimize.
Sıkıntılarımızı selamete erdir.
Katından hayırlar, güzellikler ve iyilikler gönder bize.

"İnsanın içinde
yarım kalan her şey bir ukdeydi.
Tamamlamayınca tamamlanmıyordu insan."

– Kemal Varol

Ne vereyim abime?

Bir üst kat komşusu hayal edin. Adam her gece siz uykudayken işten eve dönüyor, yatağa oturup ayağındaki ağır botları tek tek çıkarıp yere çalıyor. Tabii o gürültüyle siz uykunuzdan oluyorsunuz. Bir gün, bir hafta derken sabrınız taşmış bir şekilde bir gece yine aynı seslerin üzerine üst kata çıkıp kapıyı çalıyorsunuz.

"Şu ayakkabıları daha sakin ve sessiz bir şekilde çıkaramaz mısınız?"

Adam mahcup bir şekilde özür dileyip sizi uğurluyor. Mis gibi uyku çekeceksiniz artık. Ertesi gün adam yine iş dönüşü yorgun, sizin uyarınızı unutarak ilk ayakkabıyı sertçe yere vuruyor. Çıkan gürültü ile yine uyanıyorsunuz. Bu arada, adam, dünkü uyarınızı hatırlıyor ve diğer ayağındaki botu çıkarıp yere yavaşça bırakıyor. Siz zaten uyanmışsınız, gözler tavanda, ikinci ayakkabıyı da atmasını bekliyorsunuz. Aklınız hep orada. Atsa da şu ayakkabıyı siz de uykuya geçseniz. O ses gelmiyor elbette. O sinirle adamın kapısına dayanıyorsunuz. Adam utana sıkıla yine açıyor kapıyı ve siz de haklı bir kızgınlıkla bağırıyorsunuz: "Kardeşim! Şu diğer ayakkabıyı da atacaksan at da, ben de bir an önce uykuya dalayım!"

Yatılı okullarda etüt sonrası gece muhabbetleri meşhurdur. Daha doğrusu muhabbetler dadından yinmez. Bir de oda arkadaşlarınız kafa yapınızın uyduğu kişilerden oluşuyorsa, büyük bir bölümü derslerden ve etütlerden oluşan koca bir günün yorgunluğunu atmak için güzel fırsatlar çıkabiliyor. Şimdi bu kadar yazınca arkadaşlar arasında dönen muhabbetlerde atomu parçalıyor, DNA şifrelerini çözümlüyoruz sanmayın yahu! O zamanın tabiri ile genelde "geyik" yapıyoruz tabii.

Bir gün yine Zeki ile atomu parçalarken (!) konu nasıl oldu bilmiyorum, rahmetli Esmeray'a geldi.

Z: Abi bu şarkıyı biri söylüyordu ya?

G: Hangi şarkıyı abi?

Z: "Unutama Beni."

G: Abi unut gitsin. Gecenin ikisi ne alaka lan?

Z: Ya oğlum hani kıvırcık saçlı, siyahi bir kadın vardı.

G: Ha abi, şey ya... Şey...

Z: Neyse kanka ben yatıyorum, sabah erken kalkacağım.

G: Lan dur ya, dilimin ucunda ya.

Z: Ya neyse abi, hadi iyi geceler.

Zeki iyi geceler dediğinde saat iki buçuk falandı muhtemelen. Şimdiki gibi telefonlar akıllı da değil. Tahmin edin ben ne zaman uyuyabildim? Uyuyamadım! İkizler burcu olmamın da bunda etkisi var sanırım ama asıl sorun yarım kalan bir şeyin zihnimde yarattıklarıydı. Sabah uyanık gördüğüm ilk kişiye sormaya başladım. Beş altı kişiye sorduktan sonra deli damgası yemeden cevabı öğrenmiştim.

Ben Cici Bebe'ye bayılırım. Sosyal medya hesabımdan beni yakından takip eden dostlar bilir bunu. O zamanlar Nutella'lar, Biscolata erkekleri falan yoktu. Cici Bebe ve Pötibör ile büyüdük biz. Neyse. Yine İkizler burcu özelliği olması muhtemel, ya hep ya hiç vardır bende. Marketten büyük boy Cici Bebe'yi alır ve bitirene kadar yerim. Zaten yemem daha hayırlı olur inanın. Farz edelim ki koltuğa kurulup koca bir kupa çay, büyük boy Cici Bebe ile televizyonda 3. sezon "Prison Break" izliyorum.

Bu sahnede başıma gelebilecek en kötü senaryo, herhangi bir nedenle Cici Bebe'yi yarım bırakıp dışarı çıkmak olur. Böyle olunca aklım hep o yarım bıraktığım pakette kalır. İlk hedefim işlerimi halleder halletmez o paketi, eve geçip bitirmektir. Abartmıyorum cidden.☺

Peki, bu kalbimizin, zihnimizin ve ruhumuzun yarım kalmışlığının bilimsel bir açıklaması var mı dersiniz? Yarım kalan aşkımızı neden bir türlü unutamıyoruz? Ya da gün içinde sözlerini tam hatırlayamadığımız bir şarkı neden tüm gün kafamızı meşgul ediyor? En büyük düşmanımız belli ki yarım kalan işler, yarım kalan sözler, yarım kalan sevgiler...

Zeigarnik adında bir Rus psikolog arkadaş 1920'li yıllarda, daha öğrenciyken, kendisi gibi psikolog arkadaşlarıyla Berlin'de bir restorana gidiyor. Garson geliyor: "Ne vereyim abime?" Zeigarnik, "Yap ortaya bir karışık şöyle" diyor. Bir saniye o başka hikâyeydi.☺ Ne diyordum? Siparişler veriliyor. Bana daha önce çok denk geldi, size de gelmiştir mutlaka, garson siparişleri alır ama kâğıda yazmaz. Grup, yemeklerini yer ve restorandan çıkar ancak daha sonra, gruptan bir psikolog, geri dönerek, aynı garsonu bulur ve bunca siparişi aklında nasıl tuttuğunu sorar. Garsonun cevabını, "Ne yapacaksın be abi, ekmek parası" diye düşünüyor olabilirsiniz, ama cevap gayet nettir: "Siparişleri aklıma yazıp, yemeklerin ilgili kişilere ulaştırılmasını sağlıyorum ve siparişleri aklımdan siliyorum."

Bu olaydın üzerine Zeigarnik ve hocası Kurt Levin'in sürdürdüğü araştırmalar şu sonuca varır: Bitirilmemiş, yarım kalan işler zihni meşgul eder. İş bitince, zihnin bu meşguliyeti de son bulur. Zeigarnik Etkisi dediğimiz bu zihinsel faaliyet için bir deney de şöyle gerçekleştirilir:

Yarıda kalan birtakım işleri olan bir gruba, bir roman okuma görevi verilir, sonrasında romana ait detaylar istenir. Ancak deneklerin detayları hatırlama konusunda yeterince odaklanamadıkları görülür. Bir başka grup ise yine tamamlanmamış birtakım işleri olan deneklerden seçilir. Ancak, bu kişilerin, işleri tamamlamaları için plan yapmalarına izin verilir. Sadece plan dahi olsa, bu deneklerin okudukları romana ait detayları ilk gruba kıyasla çok daha iyi hatırladıkları görülür. Bu da demek oluyor ki sevgili dostlar, *bilinçdışı zihnimiz* başka bir işe odaklanabilmek için, yarım bırakılan işin bitirilmesi amacıyla prefrontal kortekse -yani beynin bilişsel olarak karmaşık davranışların planlanması ve kişilik ifadesi ile ilişkili konulardan sorumlu alanına- plan yapması için baskı yapmaktadır.

Bu etkiyi televizyon programlarında da görmemiz mümkün. Hayatında herkes bir kez de olsa Müge Anlı'nın programını izlemiştir değil mi? Cinayetler çözülür, dargınlar barışır, kayıplar bulunur bu tarz programlarda. Peki, hiç kaybı olan kişilerin, "Ne olur oğlumu/kızımı/eşimi bulun. Ölüsü bile olsa bulun onu!" dediğine rastladınız mı? Muhtemelen evet.

Bu gibi durumlarda, insanlar kayıplarının yaşayıp yaşamadığı belirsizliğini tecrübe etmek yerine, onların ölmüş olduğunu ve bilinen bir yerde mezarları olduğunu bilmeyi tercih edebiliyorlar. Kaybolan kişinin, kayıp olması yerine ölmüş olmasını tercih etmek bir nevi beklentide olan kişinin zihnindeki baskıyı sonlandırma çabasıdır.

Dillere pelesenk olan diğer bir düşüncede de yine bu etki kendisini başka şekliyle gösterir: "Evlilik aşkı öldürür" derler ya hep. Bir düğün davetiyesi düşünün. Cümleler genelde standarttır:

"Birlikteliğimizi evlilikle noktalayacağımız bu mutlu günümüzde sizleri de aramızda görmekten büyük mutluluk duyarız!"

"Birlikteliği evlilikle noktalamak" aslında zihnin bir tarafında hep tamamlanan bir eylem olduğu anlamına gelir. Tamamlanmamış her eylem, daha önce de dediğim gibi tamamlanmış bir eyleme oranla daha baskındır. Bir sonuca varmayan -evliliğe- ilişkilerde de durum bundan ibaret. Yine aynı nedenle terk edilmiş bir kişi -aslında daha çok sevmiyor olsa bile- her zaman daha âşık hisseder. Sonu evlilik ile biten ilişkilerde de sonuca gidilmiş, bir rahatlama ve doygunluk yaşanmıştır zihinsel olarak.

Öte yandan, Zeigarnik Etkisi dizi ve filmlerde de yaygın olarak kullanılır. "Devam edecek" şeklinde bitirilen bir dizi bölümü, yarım kalmışlık etkisiyle seyirciyi kendine çeker. Hatta birçok büyük yazar da bundan faydalanmıştır. Eserlerini genelde tefrika olarak bastırıp, bölüm bölüm yayınlatıp okuyucuda merak uyandırmaya çalışmışlardır. Örnekleri çoğaltmak mümkün. Demem o ki, hayatımızda yaygın bir şekilde karşımıza çıkıyor Zeigarnik.

"Tamam, hocam. Her şey güzel hoş da, bu işten nasıl kendimizi kurtaracağız?" diyorsunuz, biliyorum. Bu 5 kural yaşam boyu size huzurlu bir zihin için yardımcı olacaktır:

- Erteleme! Başlayacaksan şimdi başla, yapacaksan şimdi yap.
- "Keşke"lerden uzak dur, "İyi ki"lere yakın ol.
- Kaderi zorlama. Elinden geleni yap, işi kafanda bitir ve zamana bırak.
- Berlin'deki garson gibi, sorunları aklına yaz ve işin bitince unut, çöpe at.
- Geçmişin pişmanlıkları bir bataklıktır, gelecek planlar ise koca bir boşluk. İçinde debelenip durma.

"İnsanın içinde bütün dünya vardır
ve eğer nasıl bakman ve öğrenmen gerektiğini bilirsen,
kapı orada ve anahtar elindedir.
Yeryüzünde senden başka hiç kimse
ne sana o anahtarı verebilir ne de o kapıyı açabilir."

– Jiddu Krishnamurti

Hayatı ıskalamayın

Ben aslen Karslıyım. Ülkemizin yaklaşık yüzde seksenini gezdim diyebilirim. Her yer benim memleketimdir. Sınırların, insanları bölmesine müsaade etmiyorum kendimce. Geçenlerde Silvanlı bir arkadaşla konuşuyoruz.

"Kardeşim ne güzel buralar, taşı toprağı altın, her yeri cennet. Diyarbakır merkez de maşallah Paris gibi olmuş görmeyeli."

"Doğrudur abi ama ben hiç merkeze gitmedim ki."

"İstanbul'a geldin mi hiç, beğendin mi?" diye soramadım...

Yine geçmiş zaman, bir grup çalışan ile muhabbet ediyoruz. Konu Barış Harekâtı'ndan açılmıştı.

"Arkadaşlar, Kıbrıs nerede tam olarak?"

"Urfa'nın yanında olması lazım."

"Trakya'da mıydı yahu?"

Matematik dehası bir arkadaşım vardı. Öğrencilik yıllarımızda biz bir yöneylem sorusuna 4-5 adet A4 kâğıdı harcar, sonlara doğru sorunun ne olduğunu unuturduk. Bu arkadaş kitaptan çözümlü bir soruyu açar, sandalyeye yayılır, roman okur gibi okurdu soruyu. Ne kâğıt ne kalem. Sınıfın en yüksek notunu alırdı üstelik. Kalanlarla küplere binerdik. Geçenlerde bir araya geldik o arkadaşla. İki saat anlattı da anlattı.

"Şurada yüksek lisans, şurada doktora. Her akşam iş dönüşü odaya kapanıyorum, gece ikiye üçe kadar tez yazıyorum. Şöyle yapıyorum, böyle yapıyorum. Bu akşam da Esma Sultan Yalısı'nda kokteyl tarzı bir toplantı var, ona katılacağım."

Sabırlı bir şekilde dinledim, konuşması bitince iki saniye bekleyip dedim ki:

"Abi yıllardır Beşiktaş'ta oturuyorsun. Esma Sultan'ı, Çırağan Sarayı falan... Hiç Ortaköy'e inip sahilde kumpir yedin mi?"

Sustu.

"Kızma ama bak Beşiktaş Stadı burada, Vodafone Stadı şurada. Hiç senin oğlanla şöyle el ele tutuşup maça gittiniz mi? Yargılamak için sormuyorum, yanlış anlama, bundan yirmi sene sonra çocuğuna en çok özlemini duyduğun şey nedir diye sorduklarında, 'Çocukken babamla hiç basketbol oynayamamıştım' dese ya da 'Ailece maça gitmek isterdim' dese ne hissederdin? Hiç kendine sordun mu?"

Beraber sustuk.

Hepimiz bir şekilde hayatı ıskalıyoruz. Birçok şeyi erteliyoruz. Belki yarına, belki emekli oluncaya kadar öteliyoruz. Emekli olurum ve artık ailemle daha fazla vakit geçiririm diye düşünüyoruz ama vakit geçirecek kimseyi bulamıyoruz etrafımızda. Çünkü o ana kadar hiç ya da yeterince birlikte vakit geçirmemişiz. Akademik eğitimi, iş hayatında yoğun çalışma temposunu eleştirmiyorum. Sadece hayat bunlardan ibaret değil diyorum. Yaşamımıza anlam katan kişiler ve faaliyetler için dengeli bir şekilde zaman ayırabilmek her zaman amacımız olmalıdır.

Adamın biri akıl hastanesini ziyarete gider. Meraklı gözlerle sağı solu izlerken doktorlardan birine sorar:

"İnsanın akıl hastanesinde kalıp kalmaması gerektiğini nasıl belirliyorsunuz?"

Doktor gayet rahat bir şekilde açıklar:

"Bir küveti ağzına kadar su ile doldururuz. Sonra hasta olduğunu değerlendirdiğimiz kişiye bir kaşık, bir fincan ve bir kova veririz. Sonra da küveti nasıl boşaltmayı tercih ettiğini sorarız."

Soruyu soran adam atlar hemen:

"Aha ha! Anladım. Normal bir insan kovayı tercih eder. Çünkü kova kaşık ve fincandan çok daha büyük, değil mi?"

"Hayır..." der doktor. "Normal bir insan küvetin tıpasını çeker."

Ben çoğu zaman kendimi koca bir küveti minik bir çay kaşığı ile boşaltmaya çalışıyormuş gibi hissederim. Bırakın tıpayı çekmeyi, fincana ya da kovaya bile ziyadesiyle razı olabiliyorum. Ama yaşamın birçok sahnesinde bize sunulan ile baş başa kalıveriyoruz. Halbuki aklı kullanabilmek, bize sunulanların dışında çözüm bulabilme sanatıdır. Peki, biz ne yapıyoruz?

Chuck Palahniuk'un yazdığı, tüketim kültürünü, modern köleliği, gereksiz hırslarımızı ve güzellik idealini hedef alan *Dövüş Kulübü*'nde muazzam bir bölüm vardır. Her okuduğumda hayatı bir kez daha sorguluyorum, her şeyden kaçıp uzaklara gidesim geliyor:

"Her gün işe gidiyorsun.
Akşamları erken uyuyorsun.
Ve bunun karşılığında aldığın tek şey koltuk takımı.
Gerçekten acınası bir durumdasın."

Çok tanıdık geldi değil mi? Geçmişe dönün bir bakalım. Bunu okuyanlardan yüzde 98'i "Aaa, vallahi bu ben!" diyecektir.

Anne babalarımız tarafından uygulanan bir baskı vardır üzerimizde ilköğretim yıllarından beri. Bir şekilde size iyi bir okul kazanmanız gerektiği, yoksa muhtaç duruma düşeceğiniz söylendi ya da ima edildi. 15-20 senenizi, mezun olduktan sonra bir daha asla kullanmayacağınız bilgileri beyninize doldurmakla geçirdiniz. Mezuniyet sonrası eş, dost, akraba iyi bir iş bulmanız gerektiğini hatırlatıp durdu. Sırtınızı devlete dayamanızın en iyi fikir olduğu söylendi çoğu zaman. Sigorta olsun, düzenli maaş olsun dendi. Bazılarınız –eğer şanslıysanız– diplomanızı asıp duvara yıllardır emek harcadığınız konu ile alakalı iş bulabildiniz. Çok büyük bir çoğunluk ise –diplomalı ya da diplomasız– hiç haz almadığınız, beceri ve zevkinizle uzaktan yakından alakası olmayan işlerde yok pahasına çalıştınız. Senenin 50 haftası çalışmanıza rağmen, kalan 2 hafta gönlünüzce tatil yapabilmek için nakit paranız bile olmadı belki. Mahalle baskısına dayanamadınız bu arada. Evlendiniz. 2-3 sene şöyle hayatı yaşamaya çalışalım dediniz, etrafta kulaktan kulağa dolaşan dedikodular bir türlü peşinizi bırakmadı: "Neden çocukları yok hâlâ? Acaba kızdan mı kaynaklanıyor? Yok, kesin bu oğlanda bir sorun vardır." Çocuklarınız oldu. Giderler arttı. Maaş yetmedi. Tek yol vardı önünüzde: Daha çok çalışmak.

Durumunuz biraz kötüyse amacınız kimseye muhtaç olmadan yaşayıp ölmek oldu. Maddi olarak biraz yatırım yapacak güçteyseniz ölene kadarki amaç yeni bir araba ve eğer mümkünse balkonu, mutfağı daha geniş bir ev alabilmek oldu. Ek iş aradınız, terfi için amirinizin peşinden ayrılmadınız, hafta sonu eve bile uğramadınız belki. Ama olsun, o terfi alındı. Sahile otuz metre daha yakın olan bir eve de sahip oldunuz sonunda.

Etrafa en sonunda istediğiniz her şeyi elde ettiğinizi haykırdınız. Tebrikler. Halbuki kaçırdığınız bir şey vardı: Siz sürücüsü asla kendiniz olamadığınız bir yolculukta, size belirlenen rotadan asla dışarı çıkamadınız.

Bir şoför indiğinde, diğerinin bindiği bir yolculuk...

Sabahattin Ali'ye katılmamak ne mümkün: "Asıl 'ben', otuz beş seneye yaklaşan ömrümde, ancak üç dört ay kadar yaşamış, sonra, benimle alakası olmayan manasız bir hüviyetin derinliklerine gömülüp kalmıştım..."

Söyler misiniz bana, kaçımız gerçek hüviyetimizi taşıyoruz ruhumuzda, cebimizdekinin dışında?

"Eğer bir çözüm yoksa,
o zaman bir sorun da yok demektir."
- Fahrenheit 451

Bazen çözümler umduğumuzdan çok daha basittir

1990'lı yıllarda bilgisayarlar yeni yeni insanlarla tanışmaya başlamıştı. Teknik servisler, bilgisayar teknolojisine daha yabancı olan birçok kullanıcının telefonlarından geçilmezdi. Yabancı bir bilgisayar firmasının teknik servisi ile bir müşterisi arasında geçen bir diyaloğu aktarıyorum:

"Merhaba, bilgisayarımı bir türlü çalıştıramıyorum. Yardımcı olur musunuz?"

"Elbette efendim, hemen yardımcı olayım. Bilgisayarınızın bütün fişleri takılı mı?"

"Evet, bütün fişler takılı. Yine de güç tuşuna bastığımda ekran açılmıyor."

"Odanızdaki ışıkları açar mısınız lütfen?"

"Tamam, açayım da, bilgisayarın arızasıyla ne alakası var anlayamadım?"

"Işıklar açıldı mı?"

"Hayır açılmadı."

"Sanırım bulunduğunuz yerde elektrikler kesilmiş!"

Biz Türk erkeklerinin asla birinciliği bırakmayacağı bazı konular vardır, bilirsiniz: "Kavanoz kapağı aç(ama)mak" veya "perde takmak" gibi. Mutfakta kan gövdeyi götürmektedir. O salça kavanozunun ivedilikle açılması gerekir. Erkekten yardım istenir. Süper kahraman edasıyla kavanozu eline alır erkek ve sonrası malum.

Olumsuz düşünmek istemiyorum bile. Kim ne derse desin, eğer o kapak açılamazsa karizma yerlerdedir. Hele ki ortamda bulunan başka bir erkek gelip o kapağı rahatça açıyorsa, vah ki ne vah! Hanımlar, beylere o fırsatı vermeyin lütfen. Kapın bir bıçağı, kapaktaki havayı alın, tereyağından kıl çeker gibi kolayca açıverin. Bu kadar basit! Bizi de bu stresten kurtarın hem.☺

Şaka bir yana, hepimizin hayatında, bir şeyi ilk kez denememiz gereken anlar olmuştur. Ve bunlardan çoğunu, zor olduğu ve asla başaramayacağımız gerekçesiyle deneyimlemekten sakınmışızdır. Aslında zor görünen birçok sorunun cevabı o kadar basit ki! Ama insan konfor alanından şöyle kafasını dışarı çıkarıp bakmaya cesaret edemediğinden olacak, zor sandığımız şeylerle yüzleşmek yerine şaşırtıcı bir rahatlıkla havlu atıyoruz.

Böyle Buyurdu Zerdüşt'te duvara asmalık bir cümle kuruyor Nietzsche:

"Hayatın yükünü taşımak zor:
Ama siz de çıtkırıldım olmayın öyle!"

Evet, ben hayat tozpembe demiyorum elbet, ancak kolaylaşmadan önce her şey zor bu hayatta. Şu an refleks haline gelmiş birçok beceriyi, görmezden geldiğimiz çoğu saçmalığı ilk zamanlarında ne zorluklar ile karşılamıştınız bir düşünün. Yıllardır konfor alanımızı yeniden inşa ediyoruz. Her seferinde daha kalın duvarlarla hem de.

"Eğitim sistemimizde" o kadar çok eksik var ki. Ama belli başlı iki eksik göze çarpıyor: eğitim ve sistem.

Lise dönemimde derslerde tepegöz dediğimiz yansı cihazlarını kullanmak çok modaydı. Tüm dersleri neredeyse bu sistemle anlatırdı öğretmenler. Fizik hocamızın hiç unutmadığım bir lafı vardı: "Arkadaşlar, bana bir tepegöz ve dersle alakalı yansıları verin İngilizce hariç her dersi anlatırım."

Hayatın aslında akışkanlar mekaniğinden, yöneylemden ve buna benzer birçok çetrefilli dersten ibaret olmadığını; otobüste Akbil'inin olmadığını fark edip, şöyle kalabalığa dönüp, cebinizden 5 lira çıkarıp, "Fazla Akbil'i olan var mı?" diye sorabilmenin bile bazen çok daha önemli olduğunu anlamamız zaman alıyor. Diyorum ya, 2+2 sadece sınıflarda 4 eder. Yaşamda herkesin katsayısı farklı. Bu yüzden ezberci zihniyetle bir yere kadar varabiliyor insan. Sonrası hep otostop çekmek gibi, tabii biri durup alırsa.

Hayat teorik yaşanmaz, pratiktir. Eğitimlerde pratiğe dayalı hiçbir şeye rastlayamazsınız. Hep sınavlar konuşulur, önümüze seçenekler sunulur. Kimse projelerden bahsetmez ama. Herkes sular seller gibi ezberlesin istenir ama yorum yapsın istenmez. Başarının değerlendirilmesindeki objektifliğe değinmiyorum bile. Bizim en büyük sorunumuz tost yedirilip testle büyütülen nesillerin yetişiyor olmasıdır. Çünkü sistemin istediği bireyler yetişmek zorunda. Senede üç kere müfredat değişir, verilen eğitim bireyleri baskıya ve otoriteye boyun eğen korkak, sorgulamayan ve ezberci insanlar haline gelene kadar yoğurur. Ve sürünün bir parçası olmaya zorlar.

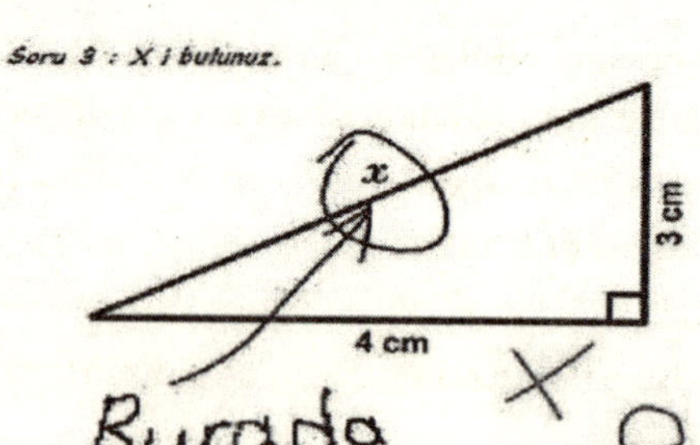

Sorun, dolayısıyla, eğitimci veya öğrenci kaynaklı değildir. Sistemseldir.

"Ben zeki doğmuştum, beni eğitim mahvetti" diyen Mark Twain'e sonuna kadar katılıyorum bu çerçevede.

Ülkemizde yapılan sınav sonuçlarını inceledim bir ara merak edip. Bazı rakamlar oldukça çarpıcı, biliyor musunuz? Öğrencilerin, yaptıkları çoğu yanlışın nedeninin "bilgisizlik" değil "cesaretsizlik" ve "dikkatsizlik" olduğu belirtilmiş. Ortalama üstü öğrenciler "zor soru" beklentisiyle yanlış yapıyorlar, çok basit soruların yüzde 60'ını, kendilerini hep çok zor soruya hazırladıkları için doğru cevaplayamıyorlarmış.

Bu durum aklıma bilindik bir hikâyeyi getirdi.

Bir gün bilge hırkasını çıkarıp bir yumurtayı onunla sarar. Kasabaya inip halkı etrafına toplar. Şöyle seslenir:

"Kim bu hırkanın içinde ne olduğunu bilirse, onun içindeki yumurtayı ona vereceğim."

İnsanlar merakla birbirlerine bakarlar. Kimse bir tahminde bulunmak istemez. Toplanan kalabalıktan birisi bilgeye seslenir nihayetinde:

"Bunu nasıl bilelim, vahiy gelmiyor ki!"

"Bakın..." der bilge. "Bu hırkanın içindeki nesnenin yumurta sarısı gibi sarı bir göbeği var. Etrafı kırılgan bir kabukla çevrili. Bilin bakalım, bu hırkanın içinde ne var?"

Aslında tüm kalabalık bilgenin elinde bir yumurta olduğundan emindi, ama cevap o kadar kolaydı ki. Ya değilse? Herkes o kadar insanın önünde rezil olmaktan çekiniyordu. Hayır, bilge mutlaka başka bir şeyi ima ediyordu. Bilge, birkaç defa daha sordu. Ama aptal durumuna düşebilme riskinden ötürü kimse cevap vermedi. Bilge sonunda hırkayı açıp yumurtayı gösterdi herkese ve dedi ki:

"Aslında cevabı hepiniz biliyordunuz. Ama kimse cesaret edip de bunu dile getiremedi. Bu haliniz, riske girmeye, kaybetmeyi göze almaya cesaret gösteremeyenlerin haline benziyor."

Unutmayın, bazen çözümler umduğumuzdan çok daha basittir. Bunu karmaşık hale getiren beklentilerimizdir, gerçeği anlaşılır olmaktan uzaklaştıran, karmaşık yapan zihnimizdir. Problemleri gözümüzde büyüttüğümüz için çözemeyiz çoğu zaman ve belki de hayatımızı değiştirecek birçok işten bu nedenle vazgeçeriz.

Ve her insan, içinde temel yedi erdemi
ve karşıtı yedi erdemsizliği taşır:

1. Kendini beğenmiştir ve alçakgönüllüdür.
2. Obur ve kanaatkârdır.
3. Kösnül ve edeplidir.
4. Kıskanç ve iyilikseverdir.
5. Cimri ve eli açıktır.
6. Tembel ve çalışkandır.
7. Öfkeli ve acı çekendir.

"Ve kendisinden diktatör de köle de, katil de aziz de, Kabil de Habil de yaratır."

– Miguel de Unamuno

"Kendinizi kıyaslamak zorunda olduğunuz tek kişi geçmişteki sizsiniz."

– Freud

Kıyaslama/karşılaştırma yapmak üzerine

Hep söylüyorum, bu dünya imtihan yeri. Herkes her bakımdan eşit şartlarda yaşasa, imtihanın manası kalmaz. Farklı olmak için yaratıldık bizler. İnsanoğlunun varlığından bu yana, her bireyin parmak izinden yere düşen kar tanesine kadar birçok şey farklı özelliklerde yaratıldı. Bunu özümsemeyince kendimizi hep başkalarıyla kıyaslar olduk. Kıyaslamak başka birine benzemeye çalışmaktan, benzedikçe aslını kendi eliyle yok etmekten başka nedir? Ama insan yaratılış gayesini idrak edemeyince, kendisini her fırsatta başkasıyla kıyaslıyor ve yaşam anlaşılmaz, çekilmez bir hal alıyor.

Yaşamdan tat alamamamızın en temel nedenlerinden biri de kıyaslama yapmaktır. Çoğu kişi farkında olmadan yapar bunu. Ebeveynler, çocuklarını, başkalarının çocuklarıyla hatta diğer kardeşleriyle kıyaslar. Eşler birbirini başkasının eşi ile kıyaslar. İşverenler, çalışanlarını bir diğer çalışanla ya da rakip firmanın çalışanlarıyla kıyaslar.

Ortaokul zamanlarında mahallede çok çalışkan bir çocuk vardı. Babam, kötü geçirdiğim okul dönemi olduğunda çok sorun etmezdi, ancak aile fertlerinin geri kalanı durmadan o çocukla kıyaslardı beni. Bu durumdan hiç hoşlanmazdım. Aslında çocuk çok efendi, kendi halinde biriydi ama ben ister istemez kendisini sevmemeye meyletmiştim. Babamın her seferinde gülerek anlattığı bir anısı vardı. Dedemden çok korktuğu ve çok da parlak bir öğrenci olmadığı için veli toplantılarını hep saklarmış. "Takdir alacağım, teşekkür alacağım bu sefer" diyerek her seferinde geçiştirirmiş durumu. Ve tüm yarı dönem, bir dersten kalacağı kesinse, o dersten 10 üzerinden 3 ile kalmaya çalışırmış. İlk anlattığında, neden 3 diye sorduğumda şöyle demişti: "3'ü 8 yapmak çok kolay oluyordu. 1'i de 7 yapmaya çalışırdım ama çok gerçekçi durmazdı." Sene sonunda gerçekler ortaya çıksa da bir dönemlik kâr kârdır.☺

Çoğumuzun ailesi kötü bir karne ile karşı karşıya kaldıklarında, "Bak yavrum, kendini sakın diğerleriyle kıyaslama. Hiç kimse tüm özellikleriyle senden daha iyi değil, kusursuz değil. Eksik olduğun yerler olduğu kadar iyi olduğun yerler de var. Biz onlara odaklanalım. Kendi hayatına, kararlarına sahip çık. Bu, not ortalamandan çok daha önemli. Sen başarılı bir öğrenci olsan da, olamasan da biz hep arkanda olacağız" diyemedi. Osho, bu konuya şöyle değinmiş: "Asla bir çocuğu bir diğeri ile kıyaslayıp, 'Bak diğeri daha iyi resim yapmış' deme. Bu çirkindir, vahşicedir, tahripkârdır. Her iki çocuğu da mahvediyorsun. Daha iyi resim yapmış olduğunu söylediğin çocuk ego, üstünlük fikrini elde etmeye başlar ve kötülenen çocuksa aşağılanmış hissetmeye başlar. Ve bunlar hastalıktır: Üstünlük ve aşağıda olmak... Bu yüzden asla kıyaslama."

Yıllarca akademik eğitim aldım. Öğretmenlerimin çoğu notları okurken, "Bak evlat, üzülme. Not sadece bir etikettir, karne sadece hangi derslerde daha iyi olduğunu gösterir. Hayattaki başarı ölçütü aldığın notlar değildir. Notu kutsallaştırma, bir araç olarak kullan" diyemedi.

İş hayatına atıldığımda, ilk amirim mesela, "Başarmak, kendini gerçekleştirmek elbette çok önemli. Ama beraber başarmanın yerini hiçbir şey tutamaz. Başarını, iyi kötü anlarını bizimle paylaş. Biz, bir oldukça zaten başarı kendiliğinden gelecektir. İş arkadaşlarının başarılarına katkıda bulunmanın erdemine nail ol. Paylaştıkça zenginleşir insan, unutma" diyemedi.

Sosyal karşılaştırmayı iki yönde yapıyoruz: Kendimizden üstün olanlarla ve daha aşağı konumda olanlarla. Aşağı yönde yaptığımız karşılaştırmalar kendimizi iyi hissetmemizi sağlayabilirken, aynı zamanda kendimizin de aynı duruma düşme ihtimalinin olduğu yargısına kapılarak olumsuz yönde etkilenebiliyoruz. Yukarı yöndeki karşılaştırmalar da doğru şekilde yapıldığı takdirde kendimizi geliştirmek için motivasyon sağlayabiliyor. Ancak, bu kıyaslamayla kendimizin şanssız ve adaletsiz bir hayat sürdüğümüzü düşünerek yine olumsuz duygular geliştirebiliyoruz.

Çağımızın toplanma alanı olan sosyal ağlarda bu durum daha bir vahim hal almış vaziyettedir. Malum, hiç kimse salya sümük ağlarken, eşiyle kavga ederken, şöyle taze ekmeği eliyle ikiye bölüp bir parçasını kuru fasulyeye banarken Instagram'da hikâye atmıyor. Hal böyle olunca, takip eden kişilerde bir imrenme, kıskanma, haset gibi duygular baş gösteriyor. İnsan genellikle sadece yukarı yönde kıyaslama yaptığı zaman da depresyon belirtisi, beden memnuniyetsizliği, özgüvenin düşmesi gibi birçok olumsuz duygu ile baş başa kalıyor.

Başarılı psikanalist Erik Erikson insan gelişimini sekiz aşamada tanımlıyor:

1. Temel Güvene Karşı Güvensizlik (0-2 Yaş)
2. Özerkliğe Karşı Kuşku ve Utanç (2-3 Yaş)
3. Girişimciliğe Karşı Suçluluk (4-6 Yaş)
4. Başarıya Karşı Aşağılık (Yetersizlik) (6-12 Yaş)
5. Kimlik Kazanımına Karşı Rol Kargaşası (12-18 Yaş)
6. Yakınlığa Karşı Yalıtılmışlık veya Uzaklık (18-30 Yaş)
7. Üretkenliği Karşı Durgunluk (30-60 Yaş)
8. Benlik Bütünlüğüne Karşı Umutsuzluk (60 Yaş-Ölüm)

Erikson, kıyaslama yapmanın, bu aşamalardan özellikle 6-12 yaş aralığında (Başarıya Karşı Yetersizlik) büyük sorunlara yol açabileceğini vurguluyor. Bu dönemde birey bir şeyler üretmek çabasında olacak, yaptığı işlerde beğeni toplamak ve çevresi tarafından takdir edilmek isteyecektir. Bu şekilde kendine olan güveni artacaktır. Aksi halde yetersizlik duygusuna kapılacaktır.

Bu dönemde çocuğu çevresiyle kıyaslamak (çalışkan, tembel, yaramaz, uslu vb.) ve başarı beklentisine girmek çocukta olumsuz benlik gelişimine sebep olacaktır. Bu nedenle sonuç odaklı olunmamalı, çocuğun gösterdiği çabaya odaklanılmalı ve çocuğa yeteneklerine paralel sorumluluklar vererek cesaretlendirmelidir.

Karşılaştırma yapmaktan kurtulmak için aşağıdaki maddeleri uygulamaya çalışmanızı öneririm:

1. Şükredin

Olmazsa olmaz maddedir benim için. Sadece kıyaslama alışkanlığından kurtulmak için değil, hayatın anlamını fark etmek için en önemli eylemdir bu. Kendinizi başkalarıyla kıyaslayıp "yokluk enerjisi" yaymak yerine, şükrederek "varlık enerjisi" yayabilirsiniz. Sabah uyandığınızda her yeni gün için şükredebilir, aldığınız her sağlıklı nefes için dua edebilir, alnınızın teri ile kazandığınız ve yediğiniz her lokma için Rabb'imize "Elhamdülillah!" diyebilirsiniz.

Bakın, Hud Suresi 6. ayet bize ne diyor:

"Yeryüzünde hiçbir canlı yoktur ki rızkı Allah'a ait olmasın.
Her birinin duracakları yeri de,
emaneten konulacakları yeri de O bilir."

2. Kendinizi kendinizle kıyaslayın

Freud soruna en güzel çözümü bulmuş: *"Kendinizi kıyaslamak zorunda olduğunuz tek kişi geçmişteki sizsiniz."* Kendinize dönün. Kendinize saygı duyun. Kendinizi sevin ve takdir edin. Gelişmeye açık olun. Olun ki, ne kadar aşama kaydettiğinizi ve ne zorlukların üstesinden geldiğinizi fark ettikçe kendinize hayran kalın.

3. Kendi kendinize gülmeyi öğrenin

Doğallığın, özgürlüğün dışavurumudur bu. Ayağınız takılıp düştüğünüzde, bir sakarlık yaptığınızda, çorabınızın kaçtığını, kazağınızı ters giydiğinizi fark ettiğinizde, saati kurmayı unuttuğunuz için işe birkaç saat geç kaldığınızda canınızı sıkmayın. Bu tarz ufak durumlara cinayet süsü vermeyin, bir espri yapıp geçin, kendinize gülmeyi öğrenin.

4. İnsanlara karşı düşünceli ve kibar olun

Peygamberimiz şöyle buyuruyor: *"Kula teşekkür etmeyi bilmeyen Allah'a şükredemez."* Etrafınızdaki insanlara iyi davranmanız kendinize de saygı duymanızı ve size saygı duyulmasını sağlar.

5. Başkalarının "kusursuz" görünen hayatlarını kıskanmayı bırakın

Şükürden sonra benim için en önemli madde bu. Hayatına özendiğiniz, yerinde olmak istediğiniz birini düşünün. Ve şöyle bir liste hazırlayın:

	Onda benim istediğim neler var?	Bende olup onda olmayanlar neler?
1		
2		

İstediğiniz ve sahip olduğunuz şeyler konusunda açık ve kesin olun. Özendiğiniz kişide olup sizde de olmasını istediğiniz her ayrıntıyı sol tarafa yazın. Ardından sağ sütuna geçin ve hayatınızda sahip olduğunuz, varlığına şükrettiğiniz her şeyi yazmaya başlayın. Bunları belirlerken daha spesifik özellikleri listelemeye çalışın.

Listeyi hazırladığınızda çok büyük bir ihtimalle sağ sütunda yazdıklarınız soldakine göre daha fazla olacak. Şimdi kendinize şu soruyu sorun: "Sol tarafa geçip özendiğim hayata sahip olmak için sağ taraftaki maddeleri kaybetmeyi göze alabiliyor muyum?" Cevap hayırsa bırakın herkes hak ettiği hayatı yaşasın. Siz kendinize, sevdiklerinize yönelin. Ve Lao Tzu'ya kulak verin:

"Kendin olmaya odaklanıp başkalarıyla yarışmadığında ve kendini kıyaslamadığında, herkes sana saygı duyacak."

Çöl Yolculuğu Testi

Kendinizle yüzleşeceğiniz bir çöl yolculuğuna hazır mısınız? Başlamadan önce sizden ricam: Soruları cevaplarken kendinize karşı dürüst olun ve cevapları tahmin etmeye çabalamadan aklınıza ilk geleni söyleyin.

1. Uçsuz bucaksız bir çöldesiniz. Uzun zamandır deve üstünde yol alıyorsunuz. Yorgunluktan helak olduğunuzu hissettiniz. Sizi onca yol taşıyan deveye ne derdiniz?

2. Tam susuzluktan öleceğinizi düşündüğünüz anda güzel bir vaha çıkıyor karşınıza. Ama birilerinin sizden önce oraya gittiğini görüyorsunuz. Bu kişi kim olabilir? (Tanıdığınız bir kişinin adını yazın.)

3. Zaman çölde yavaş geçiyor. Tam bu sonsuzluğa hapsolmuş hissine kapılmışken bir şehrin ışıkları ufukta görünüyor. Sonunda varış noktanıza ulaştınız. İstediğiniz yere vardığınız o an duygularınız neler olur?

4. Uzun süredir yolculuk ettiğiniz deve ile ayrılma zamanı geldi. Deveden indiğiniz gibi yeni bir yolcu yerinizi almak için deveye tırmanıyor. Yeni binici kim? (Tanıdığınız bir kişinin adını yazın.)

(Cevaplar kitabın sonunda.)

"En karaktersiz insanlar,
yakınındaki kişilerin başarısızlıklarından
mutlu olan kişilerdir."

– Fyodor Mihailoviç Dostoyevski

Invidia festos dies non agit

II. Mahmut döneminde, İstanbul'da Bekir Efendi adında bencil bir adam yaşarmış. Bu adam öylesine kıskanç ve kendisini düşünen biriymiş ki ne zaman bir bencillik örneği anlatılacaksa, hemen o hatırlanır ve "Bencil Bekir Efendi gibi" denirmiş. Ünü saraya kadar varınca, padişah da merak etmiş, adamın yanına gitmeye karar vermiş. Bencil Bekir öyle güzel karşılamış, hazırlık yapmış ve terbiyesini takınmış ki II. Mahmut niçin bencil diyorlar bu adama diye meraklanmış. Halbuki nasıl da iyiymiş! Padişah adama dönmüş, âdet olduğu üzere demiş ki:

"Bekir Efendi, sevdim seni, sağ olasın. Dile benden ne dilersen. Köşk, altın, para, at... Lakin bir şartım var. İstediğin şeyi sana mutlaka vereceğim, ancak bu yan tarafta oturan komşuna sen ne istersen iki katını vereceğim."

Bekir Efendi'nin içi burulmuş. Sevinci kursağında kalmış. Komşusunu zaten hiç sevmezmiş. Düşünmüş, taşınmış, kaşınmış ve bir türlü hasedinden kurtulamamış ve demiş ki:

"Padişahım, benim bir gözümü çıkarttır!"

Bu hikâyeyi okuyunca aklıma öğrencilik dönemindeki bazı arkadaşlarım geliyor. İsimlerini burada zikretmeyeyim.☺ Sınav olur, sonuçları beklerdik. Bazen sonuçlar 1-2 güne, bazen 1 haftaya ancak açıklanırdı sınavına göre. Bu arkadaşlar stresten kudururdu. Sınavdan kaç alacağı merakıyla değil ama. Bu tipler sınav listelerinde kendi adından önce (kendince) rakibinin notunu arardı. İlginç, değil mi? Bana garip geliyor. Sanırım bu dünya bana göre bir yer değil...

İtalyan Ressam Giotto'nun *Haset* adlı bir çalışması var. Merak ederseniz bir Gugıl'layın. Koca kulaklı, boynuzu olan bir kadını resmetmiş. Kadının ağzından bir yılan çıkıyor. Elinde de para dolu bir torba var. En önemli ayrıntı ise haset içinde yanan ayakları. İşte böyle bir şey bu haset. Öznenin sararıp solmasına yol açar. Ayağına kadar gelmiş, büyük bir kısmeti de teptirebilir. İnsanı kemiren bir duygu.

Bir Roma atasözünde söylendiği gibi: "Invidia festos dies non agit" (Haset, durmak, eğlenmek bilmez). Acı çektirir insana. En kötüsü de ne biliyor musunuz, haset edilen kişi çoğu zaman insanın yakınıdır, arkadaşıdır, komşusudur. Halbuki kul kendisi için istediğini kardeşi için de istemedikçe hakikate nasıl ulaşabilir?

Kuran-ı Kerim'de de hasedin doğuracağı davranışlar için çok net örnekler bulunmaktadır. Hz. Âdem'in iki oğlu arasında meydana gelen, beşeriyetin ilk cinayeti bunlardan biridir. Hz. Yusuf'un kuyuya atılması olayı da yine kardeşler arasında doğan haset duygusunun sebebi olarak yer alır.

Hasedin bir de kadere itiraz yönü belirtilmiştir Kuran'da:

"Yoksa onlar, Allah'ın lütfundan verdiği şeyler için, insanlara haset mi ediyorlar?"

– Nisa, 4/54

Araştırmalara göre daha biz anne karnındayken haset duygusunu geliştiriyoruz. Psikanalist Melanie Klein'ın bu konuda çok iddialı çalışmaları mevcut. Çalışmalarına göz atınca neden böylesine şiddet yanlısı bir toplum olunduğuna dair mantıklı gelen fikirler de ediniyorsunuz. Ona göre daha anne karnındayken, isteklerimizin süresiz ve fazlasıyla karşılandığı bir benlik oluşturuyoruz. Doğumumuzla birlikte bir travma yaşıyoruz ve dürtülerimizi kontrol altına alabilecek bir nesneye ihtiyaç duyuyoruz. Her türlü ihtiyacımız için anneye yöneliyoruz. Anne göğsünü, biberonu ya da emziği sadece beslenmenin değil, yaşamın da kaynağı olarak görüyoruz. Taleplerimizin anne karnında olduğu gibi karşılanmasını, mutlak ve sürekli bir doyum içerisinde olmayı umuyoruz, fakat böyle bir şey mümkün olmadığı için açlık ihtiyacı yıkım dürtüsünü doğuruyor. Ve iyi-kötü ayrımı çıkıyor bu safhada. İyi meme – kendisini sınırsız doyuran– ve kötü meme –onu mutlak tatminden alıkoyan– imgesi çıkıyor. Dünyayı iyi ve kötü olarak algılamaya ilk bu aşamada başlıyoruz. Aç bir bebek olarak deneyimlediğimiz engellenme ve çaresizlik duyguları haset etmenin de köklerini oluşturuyor. Bebek, annenin onu doyurma ya da doyurmama gücüne, hayal kırıklığının yarattığı kızgınlıkla haset ediyor.

Anneler olarak kulağa itici geliyor muhtemelen bu açıklama değil mi? Sen besle, büyüt; yeme, yedir; giyme, giydir sonra böyle açıklamalar okuyup hüsrana uğra.☺ Klein'ın bebeğin anneye haset duyduğu fikri biraz kulak tırmalasa da, anneyle başlangıçtan beri olan ilişkilerin bir birey olarak topluma karıştığımızdaki ilişkilerimiz üzerinde yadsınamaz etkileri olduğu bir gerçek.

Anne ile kurulan bağ ne kadar sevgi ve doyum sağlayabiliyorsa bebek de ilişkilerinde o kadar güven duygusu geliştirebiliyor. Sevgi ve doyumdan uzak bir bağ ise bebekte ileride derin, yerleşik bir güvensizlik ve haset duygusuna neden oluyor.

Klein, bu ilişkinin olması gereken olduğunu iddia ediyor. İlk aşamada yaşamı iyi ve kötü olarak ikiye ayırıp, haset ve yıkım dürtümüzü kötü olana yönlendiriyoruz. Bu aşamayı sağlıklı bir şekilde atlatıp, ikinci aşamada, gerçeklik evresine geçip, mutlak doyumun mümkün olmadığını anlıyoruz. Özetle 3 aşamayı deneyimliyoruz:

1. Öncelikle iyi-kötü ayrımı
2. Saldırganlığı kötü olana yöneltme
3. İyinin yeniden idraki

İnsanın yaratılışından itibaren en dikkat çekici hastalıklarından birisidir haset. Ve giderek artan, arttıkça benimsenen ve normalleşen bir süreç içerisindedir. Ben merkezli yaşamın yaygınlaştığı, şahsi çıkarların her şeyin üstünde tutulduğu, modern olarak adlandırdığımız bu çağda, her ne kadar gözümüzü çıkarttıracak, kolumuzu kestirecek kadar olmasa da, birçok surette gösteriyor kendisini bu duygu.

Francis Bacon hasede neden olan özelliklerden birinin de "kendini beğenmişlik" olduğunu söyler:

"Kendini beğenmişlikten, uçarılıktan, fodulluktan dolayı her alanda yükselmek isteyen kimseler de başkalarını hiç çekemezler, çünkü bunlar yükselmek istedikleri kimi alanlarda kendilerinden üstün birçok kimse çıkacağından, çekememezlik için her an bir gerekçe bulabilirler."

Dürüst olalım mı kendimize biraz? Kaçımız bir ev ya da araba alırken "Acil ihtiyaçtan!" başlıklı olan ilanlara bakıyoruz. Belki de hepimiz. Ve yüzümüzde bir gülümsemeyle kafamızda hemen pazarlık stratejileri bile kuruyoruz: "Bu adam buraya 90 bin yazmış, ama durumu sıkışık, kesin 80'e alırım ben bunu." E, hani komşusu aç yatarken tok gezenler bizden değildi? Gerçi satıcı kişi komşumuz değil muhtemelen, değil mi? Bu arada unutmadan şunu da not düşelim tarihe. Yakın zaman içinde

İstanbul'un bir ilçesinde bir genç otobüs duraklarına satılık böbrek ilanı yapıştırmıştı. Bu gözler bunu da gördü. Şu notu yazmıştı arkadaş kâğıda:

"Acil satılık böbrek ve 0 negatif. Maddi zorluklar ve borçtan dolayı tek böbreğim satılıktır. Tüm tahlillerim yeni yapıldı." Muhtemelen pazarlık payı da vardı...

Metrobüste, otobüste çok nadirdir oturmuşluğum seyahat ederken. Allah sizi inandırsın İstanbul'da 500T otobüs hattı vardır. Siz deyin 40, ben diyeyim 50 duraktan geçiyor. Onda bile hayatta oturmuyorum koltuğa. İlla ki bir yaşlı, bir hamile ya da çocuklu kadın denk geldiği için ve ben de rahatsızlık duyacağımı bildiğim için en baştan yer vermiş oluyorum. Koltuğa oturup uyuyor numarası yapmayı, kulaklığı takıp son ses müzik ile etrafımda olup bitenden haberim yokmuş havası vermeyi hiç beceremiyorum zaten. (Övün beni, daha çok övün.)☺

Kızılderili Pueblo Kabilesi'nden Vlckle Downey şöyle diyor:

"Zamanın başlangıcında bize nasıl yaşayacağımızı öğreten kanun verildi. O kanun nesilden nesile aktarılarak bugüne geldi. İşte bu kanundan birkaç madde: Birbirimize iyi davranacağız. Birbirimize hürmet edeceğiz. Kendimizi koruyup kolladığımız gibi birbirimizi koruyup kollayacağız.

Bu basit fakat önemli kaidelere uyduğumuz müddetçe bir meselemiz olmayacaktır. Ne zaman ki komşularımızdan nefret etmeye, komşularımızın malına göz dikmeye, onlara yalan söylemeye başlarsak ve kendi mahsulümüzü yetiştirmez de başkalarının mahsulüne bağımlı hale gelirsek, dengemiz bozulmuş demektir. Bize anlatılan hikâyeler hep bunu söyler."

Hayat böyle ufak ayrıntılarda gizlidir aslında. Huzurun ve karşılıklı anlayışın hâkim olduğu ilişkiler öyle allı pullu şeylerin değil, basit görünen ayrıntıların toplamıdır.

Ben elime kâğıt kalem alıp, haset ettiklerimi yazıya dökmeye çalıştım. İnanın bir şey bulamadım. Sanırım asıl mesele bu: Farkına varmak. İnsan kendi kusurlarıyla meşgul olma alışkanlığını kazanabilirse, bu tehlikeyi fark etmeye başlar. Bunu herkes hayatının belirli dönemlerinde yapmalı. Kendine itiraf etmeli. Sadece bireyler değil, huzurlu bir yaşam için kurumlar, ülkeler de yapmalı. Ama nerde?

Hasetçiye karşı sabırlı olup onunla çatışmaktan, ona eza vermekten sakınmak da önemli bir çözüm yolu. Mümkün mertebe uzak durmak iyi bir savunma yoludur. Diğer bir yol ise, her olayda elimizden geleni yaptıktan sonra, tevekkül yolunu tutmaktır. "Hakkımda hayırlısı böyleymiş" diyerek ilahi güce razı olmalıyız.

Kişi hasetçiye kalbinde de yer vermemeli ve onu düşünmemelidir. Onu düşünmek, ona mağlup olmanın başlangıcıdır.

Belki zor bir durum ama haset edene karşı kötü muamelede de bulunulmamalıdır.

Ve en önemlisi Felak Suresi'nin 5. ayetinde, *"Ve haset ettiği zaman hasetçinin şerrinden âlemlerin Rabb'ine sığınırım, de!"* buyurulduğu üzere, kişi haset duygusu besleyenlerden Allah'a sığınmalıdır.

"Sana engel olmaya çalışanlar,
başaracağına en çok inananlardır."
– Charlie Chaplin

Hayatınıza giren yengeçleri ayıklayın

"Benim yoksa sende de olmasın", "Ben başaramadıysam sen de başarma." Çok tanıdık geldi bu cümleler, değil mi? Hepimizin, kendince irili ufaklı hedefleri var. Bunlara ulaştığımızda tatmin duyarız ancak çevremizdeki bazı insanlar bunu zehir ederler. Bazı insanlar da başarmanın yolunun başkalarına çelme takmak olduğunu düşünürler. Kendileri ulaşamıyorsa, sizin de hayalleriniz, hedefleriniz gerçekleşmemelidir. En tehlikeli insan tipidir bunlar; yüzümüze gülüp arkamızdan iş çevirenler. Kimdir bunlar peki? Kim bu yengeçler? Önce şu yengeç olayına açıklık getirelim, yoksa Yengeç burçları üstlerine alınıp bana kızmasın.☺

Yakın zamanda yengeç taşınan sepetlerde ve kovalarda kapak olmadığını öğrendim. Bir araştırayım dedim. Hiç kovaya konmuş bir yengece denk geldiniz mi bilmiyorum. Kovaya konulmuş bir yengeç sepetten cidden rahat bir şekilde çıkabiliyor. Ancak kovaya bir yengeç daha koyunca ve bu sayı arttıkça kovadan çıkmak isteyen yengeçler diğer yengeçler tarafından aşağıya çekiliyor. Böylece sepetten hiçbir yengeç çıkamıyor. Ne kadar da tanıdık! Bu yüzden yengeç sepetlerinin kapağı olmuyor. Çünkü yengeç kardeşler de, biz insanlar gibi, birbirlerini yukarı itmek yerine, aşağı çekerek engellemek derdinde.

Russell'ın şu sözünü hatırlayalım:

"Dilenciler milyonerleri değil,
kendilerinden daha başarılı dilencileri kıskanırlar."

Konuya başlamışken rahmetli yönetmenimiz Yavuz Özkan'ı anmadan olmaz. *Yengeç Sepeti* filminde bir ailenin, aynı sepet içine konulan yengeçlerin birbirlerini tüketmesine benzer biçimde, nasıl tükendiğini gözler önüne sermiş. İzlenmeli.

Başarılı bir iş hayatınız ya da aile yaşantınız varsa, spora yazıldıysanız, diyet yapıyorsanız ya da bunlara benzer kararlar aldıysanız mutlaka bazı insanların eleştirileriyle karşılaşırsınız. Elbette iyi niyetle yapılan müdahaleler de vardır ancak kıskançlık ile iyi niyeti ayırt etmek o kadar zor ki. Kararlarınızdan eminseniz siz ne olursa olsun arkasında durun.

Bana kalırsa, kıskanç bir insanın en belirgin özelliklerinden biri *taklit yeteneğidir.* Kıskançlık gizli hayranlıktır. Sizin yaptığınız bir işi, satın aldığınız bir eşyayı eleştirir, sonra da bir bakarsınız sizi eleştirdiği şeyin aynısını yapar. Dikkat edin, bu kişiler genelde en yakın olduğunuz, en samimi hissettiğiniz arkadaşlarınızın arasından çıkar. Bakın Oscar Wilde ne diyor:

"Taklit yağcılığın en samimi halidir ancak çoğu zaman başkaları sizin düşüncelerinizi çaldığında sinir bozucu bir şeydir. Ancak sinirlenmektense, bu insanlara kendi kişiliklerini bulmaları için yardım edin. Bir şeyleri başarabilmek için kendileri olmaları gerektiğini öğretin."

Demek ki öncelikle sinirlerimize hâkim olacağız.

Çok sevdiğim ve uygulamaya çalıştığım bir söz var:

"Dil, kalbin tercümanı, yüz kalbin aynasıdır.
Kalpte gizli olan, yüzde meydana çıkar."

İnsanların yüzüne iyi bakın. Yıllar geçtikçe insanların yüzünü bir kitap gibi okuyabilmeyi öğrendim ve hep şuna inandım: Kalbin karası da, ziyası gibi insanın yüzüne yansır. Kalbiniz temizse, bu yüzünüze de akseder. Benim yüzüm nur gibi parlıyormuş o yüzden. Vallahi ben arkadaşlarımın yalancısıyım.☺ Kıskanç, kötülük ile beslenen biriyseniz, bu da yüzünüze yansır. Ne kadar alımlı, yakışıklı ya da güzel olursanız olun kalbinizdeki o karanlık taraf güzelliğinize gölge düşürür.

Bize zarar verecek derecede kıskançlık gösterecek insanların davranışlarını şöyle özetleyebilirim. Hayatınızdaki kıskanç insanlar:

- Sizi taklit etmeye, size benzemeye çalışırlar.
- Sahte iltifatlarla yüzünüze gülerken, birçok kişiyle dedikodunuzu yaparlar.
- Başarılarınızı küçümsemeye, hatta engellemeye çalışırlar.
- Hatalarınızdan, başarısızlıklarınızdan haz duyarlar.
- Sizi her zaman rakipleri olarak görürler.
- İlişkilerinizi zedelemeye, sizi yakınlarınızdan soyutlamaya çalışırlar.

Aşk hayatına indirgeyecek olursak, aşırı kıskançlığın temelinde özgüven sorunu hâkimdir. Yaygın bir kanıdır; kıskançlığa sebep olarak çok sevmek ve âşık olmak gösterilir. Oysa kıskançlığın sevgiyle ilgisi yoktur. Çünkü kıskançlık bünyesinde hem sevgiyi hem de nefreti barındırır. Nefretin olduğu yerde sevgiden bahsedemeyiz. Bu nedenle, kıskançlık sevginin göstergesi değil ancak gölgesidir.

Aşk aslında, kendimize duyduğumuz sevgiyi karşımızdakine yansıtmak, Tanrı'nın yarattığı ile yeryüzünde Tanrı olmaktan başka bir şey değildir. Böyle bir mertebede kıskançlıktan söz etmek manasızdır. Hakkı Bulut, kıskançlığın nerelere varabileceğini "Henüz üç yaşında bir kardeşim var, seni ondan bile kıskanıyorum!" diyerek dile getirmiş zaten. Ama bir de İngilizler tarafından bakalım mı bu duruma?☺

William Shakespeare'in *Othello* adlı eserini bilenler vardır. Trajedinin en belirgin teması "kıskançlık"tır. Soylu, akıllı ve güçlü bir savaşçı olan Othello, Venedikli soylu bir ailenin kızı olan Desdemona'ya âşık olur ve tüm engellere rağmen evlenirler. Ancak Desdemona, Othello'nun ilk hediyesi olan ve o zaman namus simgesi olarak görülen mendili kaybeder. Bu durum Othello'nun, karısından şüphelenmesine neden olur.

Othello'nun çok güvendiği sancak çavuşu Iago aslında mendili ele geçirmiştir ve birbirini delice seven iki âşık arasındaki güveni sarsacak bir plan kurar ve Othello, Desdemona'nın subay Cassio'yla kendisini aldattığından kuşkulanır. Oyunun sonunda kıskançlık ateşiyle kavrulan Othello, önce Cassio'yu, sonra karısını boğarak öldürür. Her şeyin Iago'nun planı olduğu ortaya çıkınca da Othello kendini öldürür ve Iago da idama mahkûm olur.

Kıskançlık aşkın olmazsa olmazı gibi gösterilse de çoğu durumda sonu facialarla bitebiliyor. Shakespeare'in oyunundan esinlenerek tıpta bu aşırı kıskançlık durumuna Othello Sendromu adı verilmiş. Son zamanlarda giderek artan, haberlerde her akşam karşımıza çıkan ve sonu cinayetle ya da intiharla biten kıskançlık hikâyeleri, kadın cinayetleri bu hastalığın en önemli sonuçlarından.

Peki, kıskançlığımızı nasıl dizginleyeceğiz?

- İnsanları kontrol edemeyeceğinizi kabullenin. Bana inanın, engelleme arttıkça, karşı tarafta yapma dürtüsü artacaktır. Serbest bırakın.

- Eşsiz olduğunuzun farkına varın. Kıskanmak, kendinizi birileriyle kıyaslamak demektir. Sizden sadece bir tane var.
- Tek başına da mutlu ve tam hissedebileceğinizi fark edin. Hayatınızda bağımlısı olduğunuz kişiler değil, size hayatta yoldaşınız olacak kişiler olsun. Bağımlılık zayıflıktır.
- Geçmişinizle yüzleşin. Şu an verdiğiniz tepkiler geçmişin bastırılmış tepkileridir. Geçmişinizle barışın ki şimdiyi kucaklayabilin.
- Özel alanlara saygı duyun. Kendi özel alanınınız olduğu gibi, karşınızdaki insanın da buna ihtiyacı olduğunu kabullenin.

Benim de anlık kızgınlıklarım, kırgınlıklarım, kıskançlıklarım oluyor elbet. Ama inanın hiçbirini geleceğe taşımıyorum. Yaşamam gereken duyguyu anlık yaşıyorum ve orada bırakıyorum. Sadece olumsuz hislerim için değil, mutluluk için de. Mutluluğumun devamlı sürmesini isteyip onu hapsettiğimde, içimdeki kırgınlıklarla, bastırılmış kızgınlıklarla savaş haline geçiyorum. Bu yüzden özgürce dolaşmasına izin veriyorum onun. Böylelikle değişik formlarda duygu dünyamda daha sık yer edinmesini sağlıyor, olumsuz duyguları def etmeye çalışıyorum. Kimseye karşı kin tutmuyorum ve kimsenin saadetini kıskanmıyorum. Evet, imreniyorum. Siz de imrenin. İmrenmeliyiz ki öyle bir saadete ulaşmaya çalışalım. İmrenmek terakkinin olmazsa olmazıdır, kıskançlık ise iç huzurun azılı bir düşmanı.

Konuyu güzel kapatmak adına, Türk halk şiirindeki kıskançlık üzerine yazılmış en güzel iki dizeyi buraya bırakıyorum:

"Yüzünde göz izi var
Sana kim baktı yârim?"

Güzel bakanlarınız çok olsun.

Kızılderililerin Şeref Yasaları

1. *Dua etmek için güneşle birlikte kalk. Tek başına dua et, sık sık dua et. Büyük Ruh dinler.*

2. *Yollarında kaybolmuş olanlara karşı anlayışlı ol. Cehalet, kibir, öfke, kıskançlık ve açgözlülük, kayıp bir ruhtan kaynaklanır. Rehberlik bulmaları için dua et.*

3. *Kendini, kendi kendine araştır, keşfet. Başkalarının senin yolunu senin için belirlemelerine izin verme. O senin, sadece senin yolundur. Diğerleri o yolu seninle birlikte yürüyebilirler, fakat hiç kimse o yolu senin için yürüyemez.*

4. *Misafirlerine evinde saygıyla davran. Onlara en iyi yiyeceklerini ver, en iyi yatağı ver ve onlara saygı ve onurla muamele et.*

5. *Herhangi bir kişiden, bir topluluktan, bir çölden ya da bir kültürden olsun, senin olmayan şeyi alma. O ne kazanılmıştır ne de verilmiştir. Senin değildir.*

6. *Yeryüzü üzerindeki her şeye saygılı ol - ister insan, ister hayvan veya bitki olsun.*

7. *Diğer insanların düşüncelerini, isteklerini ve sözcüklerini onurlandır. Başka birinin sözünü asla kesme, alay etme ya da taklidini yapma. Herkese kişisel ifadeleri için izin ver.*

8. *Başkalarına asla kötü bir şekilde konuşma. Evrene bıraktığın negatif enerji, sana katlanmış olarak geri döner.*

9. *Herkes hatalar yapar. Ve tüm hatalar bağışlanabilir.*

10. *Kötü düşünceler zihinsel, bedensel ve ruhsal hastalıklara neden olur. İyimser ol.*

11. Doğa bizim için değildir, o bizim bir parçamızdır. Onlar senin dünyasal ailenin parçalarıdır.

12. Çocuklar geleceğimizin tohumlarıdır. Onların yüreklerine sevgi ek ve bilgelik ve hayatın dersleriyle sula. Onlar büyürken, onlara büyümeleri için yer bırak.

13. Başkalarının kalplerini incitmekten kaçın. Verdiğin acının zehri sana geri döner.

14. Her zaman dürüst ol.

15. Kendini dengede tut. Senin zihinsel "ben"in, ruhsal "ben"in, duygusal "ben"in ve fiziksel "ben"in - hepsinin güçlü, saf ve sağlıklı olmaya gereksinimi var. Zihnini güçlendirmek için bedenini çalıştır. Duygusal rahatsızlıkları iyileştirmek için ruhsallıkta büyü.

16. Kim olacağını ve nasıl davranacağını belirlerken bilinçli kararlar ver. Kendi eylemlerinin sorumluluğunu üzerine al.

17. Başkalarının mahremiyetine ve kişisel yerlerine saygılı ol. Başkalarının kişisel eşyalarına dokunma - özellikle kutsal ve dini eşyalarına. Bu yasaktır.

18. İyi talihini başkaları ile paylaş.

19. Başkalarının dini inançlarına saygı göster. Kendi inancını başkalarına kabul ettirmeye çalışma.

20. Önce kendine karşı dürüst ol. Önce kendini besleyemezsen ve kendine yardım edemezsen, başkalarını besleyemezsin ve onlara yardım edemezsin.

"Asıl çelişki sizin çelişkiniz:
Kendinizi hakikati aramaya adamanız
ama keşfettiğiniz şeyin görüntüsüne dayanamayışınız."

– Irvin D. Yalom

İnsan en çok kendine yalan söyler

Kendinize yalan söylediniz mi hiç? Çok emin olduğunuz bir konudaki kararınızı bir o kadar çabuk değiştirdiniz mi peki? Birinden hoşlanmadığınız halde onu sevdiğinizi söyleyip sonrasında buna inandırdınız mı kendinizi?

Hepimiz belirsizlikten uzak, tutarlı ve önümüzü görebileceğimiz bir yaşam sürmek isteriz. Doğamız böyledir çünkü. Sırf bu ortamı sağlayabilmek için çoğu kez gerçeğe, doğru olana ya da inancımıza apaçık aykırı olan durumları veya fikirleri tek doğruymuş gibi kabul etme yolunu seçeriz. Bu seçim genelde biz farkında olmadan gerçekleşir hatta. "Bilişsel çelişki" dediğimiz bu durumun temelinde kişinin kendisiyle olan çelişkileri yatar aslında.

4. Levent'ten bir gün dolmuşla Beşiktaş'a geçmem gerekti. Normal şartlar altında, rutin bir trafik varsa iki yer arası 20 dakika sürmez. Konu güzelim İstanbul trafiği olunca, normalden bahsetmek mantıklı olmaz zaten değil mi? 20 dakikalık yolu yaklaşık 100 dakikada alabildik o gün. Konumuz tabii burada trafik değil, dolmuşun içerisinde yaşanan çelişkilerden bahsedeceğim.

Ortamı hayal edin. İş çıkışı trafiği. Dolmuş tıklım tıklım. Teypten sesler yükseliyor: "Şiki şiki baba. Hayni hayni yaba." Ben de altılı ganyan oynuyorum. Yok, bu başka bir anımdı. Pardon.☺

Ne diyordum, tıka basa doluydu içerisi ve her duraktan birer ikişer yolcu almaya devam ediyordu şoför. Arka koltuklara doğru bir yerde oturan bir kadın yolcu sızlanmaya başladı. "Yeter yahu, biz de insanız. Daha ne kadar fazla yolcu almayı düşünüyorsun sen! İnsanlığa da aykırı bu durum, yolcu haklarına da. Seni şikâyet edeceğim!" Şimdi, şikâyet eden bu yolcunun ertesi akşam işten yorgun argın çıktığını, 15-20 dakikadır durakta beklediğini düşünsenize bir. Sizce, araçtaki yolculardan biri bu kişinin dolmuşa binmesine engel olmaya kalksa, nasıl bir tepki gelir dersiniz?

Çok büyük bir ihtimalle, dün savunulan o insan hakları ve yolcu haklarının yerinde yeller esiyor olacaktır. Sabahın sekizinden beri çalışmış, onlarca dosya hazırlamış, belki yüzlerce mail atmış, toplantıdan toplantıya koşmuştur... Hem toplu taşıma araçları herkese aittir. Nasıl olur da dolmuşa binemez, yolcular biraz daha sıkışsalar ölürler sanki! Dünkü hali ile savaş halindedir adeta. Tüm karşıtlıkları yok saymakta, hatta onları çürütmek için elinden geleni yapmaktadır. Neden mi? Dün savunduklarında haklı da olsa, gereksinimler farklıdır artık o yolcu için çünkü. Emin olun, birçoğumuz aynı çelişkiyi yaşardık, yaşıyoruz da birçok alanda. Gereksinimlerimizi karşılamak ve doğru bildiklerimizi devam ettirmek amacıyla, bazı durumlarda mantığımızdan uzaklaşarak kendi yalanımıza kendimizi inandırıyoruz.

Bilişsel uyumsuzluk ve sosyal karşılaştırma teorileri ile bilinen Amerikalı sosyal psikolog Festinger bu durum için şöyle bir deney yapıyor:

1950'li yıllarda kadının biri dini bir tarikat kurar ve 1954'te kıyamet kopacağını iddia eder. Festinger de bu tarikata katılıp olacakları incelemeye koyulur. Tarikat üyelerinden bazıları ne var ne yok her şeylerini satarlar kıyamet kopacağı korkusuyla. Malum, 1954 senesi gelip de kıyamet kopmayınca Festinger büyük bir merakla müritlerin davranışlarını incelemeye başlar. Ancak tahmininin aksine, üyeler inançlarında ısrar ederler, daha da tutunurlar kıyamet fikrine. Aralarında "O kadar çok dua ettik ki kıyameti engelledik!" derler.

Bunun üzerine, Festinger bir deney gerçekleştirir. Deneklere, bir odanın içinde, tamamlanması yaklaşık bir saati bulan çok sıkıcı görevler verir. Bir saatin sonunda denekler odadan çıkar ve Festinger çıkan deneklerden şunu ister: Yaptıkları işten aslında çok sıkılan denekler, bir sonraki deneği bu işin zevkli olduğuna bir şekilde ikna edeceklerdir. Bunu uygularken, Festinger üç farklı yol dener. Her gruba:

1. "Sizden sonraki kişiyi ikna edebilirseniz, size 1 dolar vereceğim..."

2. "Sizden sonraki kişiyi ikna edebilirseniz, size 20 dolar vereceğim..."

3. "(Para teklif etmeden) Sadece bir sonraki kişiyi ikna et..." der.

Sonucunda, ilginçtir, deneyi en çok 20 dolar alanların beğenmesi umulsa da, sadece 1 dolar alan katılımcılar başka birini ikna etmek için 1 doların çok az olduğunu düşündüklerinden dolayı uyumsuzluk yaşarlar. Ve 1 dolar karşılığında böyle bir şey yapmanın mantıklı olmadığını düşünerek kendilerini deneyin oldukça eğlenceli olduğuna inandırırlar. 20 dolar alanlar ise ufak bir yalan karşılığında aldıkları parayı tatmin edici bulur ve deneyin hiç eğlenceli olmadığını rahatça söyleyebilirler. Yani deneyi en eğlenceli bulan grup, 1 dolar alanlar olurken, 20 dolar alan denekler pek sevmediklerini, para almayan denekler ise hiç sevmediklerini söylerler.

Bu garip durum şöyle açıklanabilir: İnsan beyni çelişkili duygular, düşünceler, inançlar taşımaktan kaçınır. Çünkü çelişki kişide gerginliğe sebep olur. Bu çelişkiden kurtulmak için de bireyin önünde iki seçenek vardır: Davranışını değiştirmek ya da inancını değiştirip davranışını sabit tutmak. Bizim konumuz ikinci seçenekle ilgili. 1 dolar alan grup, nasıl oluyor da "Deney gayet eğlenceliydi" diyor? Çelişki içindeki bu denekler davranışlarını değiştirmeye yöneliyorlar önce. Fakat böyle bir durum mümkün olmuyor. Bu nedenle denekler inançlarını değiştiriyorlar!

Davranışlarımızı ve düşüncelerimizi geçmiş deneyimlerimize ve değer yargılarımıza göre belirleriz. Bu deneyim ve değerler; bir siyasi partiyi desteklemek, herhangi bir takımın taraftarlığı, bir dine mensup olmak gibi genel konular olabileceği gibi, daha özel konular da olabilir: Patronunuz hakkındaki düşünceleriniz, hoşlanmadığınız bir yemek hakkındaki önyargılarınız gibi. Zaman içerisinde bu değerlere, önyargılara zıt olan durumlarla karşı karşıya kalırız ve bunlarla yüzleşmekten kaçınır ve bilinçaltımızda kendimizi kandırmaya çalışırız. Değerlerimizi terk etmemek adına, karşımıza çıkan uyumsuzlukları görmezden gelme iradesini kullanmaya meylederiz. Doğrularla yüzleşmekten ya kaçar ya da doğrulara karşı koyma eğilimine geçeriz. Bilinçaltımız bu konuda öylesine başarılı olur ki bunun bir kandırma olduğunun farkına bile varamayız. Zihnimiz durumu o kadar içselleştirir ki zıtlıkları kendisine yapılmış bir saldırı olarak görür.

Herkesin aşırı sigara içen bir yakını vardır. Sigaranın sağlığa olan zararını, ölümcül tehditlerini bilmeyen yoktur. Ama şöyle bir dikkat ettiğinizde, sigara içen yakınınızın çok büyük ihtimalle karşıt görüşleri eritmek için kendince doğrular ürettiğini, hatta doktorların yanıldığını, sigaranın öyle denildiği gibi zararlı olmadığını iddia ettiğini görürsünüz. Hatta size 100 yaşlarında sigara içen bir kişiyi, daha 40'ında sigara içmediği halde vefat eden başka bir kişiyi de örnek gösterecektir.

"Dişlerini her sabah fırçala, uyumadan önce de mutlaka fırçala" diye çocuklarını yönlendirmeye çalışan ama ellerine bir kere bile diş fırçasını almayıp, sararmış dişlerle dolaşan ebeveynlerin durumu da bu şekildedir. Çok emek verdiğimiz, elde etmek için yıllarca çabaladığımız bir şeyin –ilişki bakımından düşünürsek– beraber olmak için çok uğraştığımız ve emek harcadığımız bir kişinin negatif özelliklerini nasıl görmezlikten geldiğimizin, onları gözümüzde neden idealleştirdiğimizin de nedeni tam olarak bu durumdur. Bireysel faydacılık çoğu zaman insanı bu şekilde hataya zorlar. Çünkü birey farkında olmadan gereksinimlerini karşılamak güdüsüyle, gerçekleri sansürler. Karşıt görüşler arasında bir seçim yapmak zorunda kaldığında ise en iyisini değil, kendisine en faydalı olanı seçer. Ve kendi ile olan çelişkisi bu şekilde sürüp gider. Çünkü insan en çok kendisine yalan söyler.

"Hayır, ben dünyaya bir kez geldim
ve bir daha da gelmeyeceğim:
Genel mutluluk falan bekleyemem.
Ben kendim için yaşamak istiyorum."
– Fyodor Mihailoviç Dostoyevski

Hayat her zaman tozpembe değildir

Çok sevdiğim eski bir hocamın ölüm haberini alınca, biraz zaman geçtikten sonra, taziye için ailesini ziyarete gitmiştik birkaç arkadaşım ile birlikte. Bizden birisi, eşine, "Hocamız en çok neyi severdi hanımefendi? Kendisini hep örnek alırdık. En çok neye değer verirdi kendisi?" diye sordu konu konuyu açınca. Eşinin verdiği cevap buruk bir şekilde yaptığımız bu ziyarette içimize su serpmişti. "Her şeye değer verirdi çocuklar, dahil olduğu her ana..."

Mutlu olmak için doğru zaman diye bir şey yoktur. Mutluluğun kendisi vardır ve bunu fark eden kişi için her an doğru andır. Mutlu olmak için doğru fırsatı, doğru zamanı bekleyenler farkında olmadan karşılaştıkları tüm fırsatları ellerinden kaçırırlar. Engin bir ormanı düşünün. İrili ufaklı binlerce ağaçtan oluşan bir orman. Yaşamda da irili ufaklı sayısız anlar vardır. İşte yaşam böyle anların toplamıdır. Her kim tek bir ağacın farkına varırsa ormanın kendisi olur. Mutluluğu aramak zorunda kalmaz, yaşamın kendisi olur.

Yaşama küs olan insanları elindeki bir kamyon dolusu çiçeği heba edip, onlardan bir buket bile yapamayan kişilere benzetiyorum. Kendine bir buket hazırlayıp sunamayan, etrafındakilere bile hediye edemeyen kişilere. Hayattaki her bir an dalından koparılan bir çiçektir. İsterseniz çiçeği koklar ve yere atarsınız, isterseniz her bir çiçeği toplar ve yaşamınızı bir çiçek buketine çevirirsiniz. Karar sizindir.

Bir inşaatta üç işçi kızgın güneşin altında taş kırarken yanlarına bir adam gelir. Şantiye şefidir bu kişi. Hepsine teker teker sorar ne yapıyorsun diye. İlk adam şöyle cevap verir: "Taşları kırıyorum." Soruyu soranın yüzüne bile bakmaz cevap verirken. İçinde yaşadığı sıkıntı bellidir. İkinci işçi de cevap verir: "Ekmek parası kazanıyorum, ne olsun?" İlk cevap gibi bu da doğrudur aslında, ama bu işçide de mutlu olduğuna dair bir iz yoktur. Üçüncü işçi taşları kırarken bir yandan da şarkı mırıldanıyordur, şarkısını keser ve cevap verir: "Ben bir ev inşa ediyorum!" Gözlerindeki mutluluk yüzüne de vurmuştur çalışanın. Adamla birlikte kalbi de şarkı söylüyordur adeta. Bir şey inşa etmek elbette mutluluk verir değil mi? Bu üç cevap da farklı evrelerdeki bizi yansıtıyor aslında. Hangi cevabı seçeceğimiz tamamen bize bağlı. Hayat her zaman tozpembe görünmez bize. Virginia Woolf'un dediği gibi biraz da:

"Mutluluğu melankoliden ayıran çizgi,
bir bıçak ağzından daha kalın değildir."

Mutsuzluk geçicidir. Hiçbir mutluluk da sonsuza dek sürmez. Çünkü hepsi anda gizlidir. Freud'un dediği gibi: "*Yaratılış planının, insanın mutlu olması gibi bir maksadı yoktur.*" Kimse sen mutlu ol diye debelenmez de. Mutluluğu sen yakalayacaksın bu nedenle. Bazen derin bir nefesle, bazen bir kuş sesinde, bazen sevdiğin birine sarıldığında...

Bu nedenle mutluluğun sırrı aslında:

- Sevdiğin bir şeyi yapmakta değil, yaptığın şeyi sevebilmekte,
- Sevdiğin bir işte çalışmakta değil, çalıştığın işi sevebilmekte,
- Sevdiğin kişilerle iletişim kurmakta değil, iletişim kurduğun kişileri sevebilmekte yatıyor.

"İşini sevmek ne demektir diye sorup
yine kendisi yanıtladı:
Her günün yirmi dört saati,
uykunda bile sevdiğin şeyi düşünmek."

– Aziz Nesin

Yaptığınız işin hakkını verin

Bir iş yaparken, her zaman hakkını vermek gerektiğine inanmışımdır. Bu bir sınava çalışmak olabilir, ibadet etmek ya da bir film izlemek bile olabilir. Çocukluk yıllarımdan edindiğim güzel bir alışkanlık halini aldı bu bende.

Çoğu öğrencide olduğu gibi, konular birikir de birikirdi okul zamanı ve tüm dönemin konularını sınavlara dört beş gün kala, hatta bir iki gün kala çalışmaya başlardık. Ve ne hikmetse illa ki bir oyunbozan çıkıp aklınızı çelerdi, bilirsiniz. Arkadaşlarınızdan birileri halı saha maçına, sinemaya çağırır, ailece seyahate çıkılır vb. Böyle sıkışık anlarda bile defteri kitabı kapatıp bu davetlere icabet etmişliğim çoktur. Aklımın onlarda kalacağını hissettiğimde tereddüt etmeden kendilerine katılırdım. Çünkü aklımın yarısı hayalini kurduğum bir gezide, diğer yarısı da o an bana yükmüş hissi veren derslerde olduğunda, yapacağım 10 saatlik bir çalışma, birkaç saat gezip dersin başına temiz bir beyin ile oturup yapacağım bir iki saatlik bir çalışmanın yerini almayacaktır.

Bir işi gönülden, aşkla, huşu içinde yapmak o işin hakkını verebilmenin ilk şartıdır. Elindeki tespih taneleri ile bankadaki altın hesabındaki altınları aklından geçirip tespih çekiyorsan, yaptığın şey kendini kandırmaktan öteye geçemez. Bana kalırsa hakkıyla yapılan her şey ibadettir. Bu durumda ne yaptığınızdan çok, o işi nasıl yaptığınız önemlidir.

Adamın biri, bir sufiyi ziyarete gider. Karısının dini inancının zayıflığından dert yanar, kendilerine yol göstermesini ister. Sufi, bir sabah adamın evini çat kapı ziyarete gelir. Kocası ortalıkta görünmez. Adamın karısını bahçede toprakla uğraşırken bulur. Kadına, kocasını nerede bulabileceğini sorar. Kadın, "Muhtemelen müteahhidin yanındadır..." der. "Arsa için pazarlığa oturmuşlardır."

Aslında adam hemen yandaki odada ibadet ediyordur. Karısının söylediğine kulak misafiri olunca bir hışımla sufinin yanına gelir. Karısının söylediği yalanı sindiremez: "Sen ne dediğinin farkında mısın be kadın! Sen de biliyorsun, iki saattir ibadet ediyorum!" der hiddetle. Sufi olanlar karşısında şaşkındır. Kadın sakince cevap verir: "Gerçekten ibadet ettiğine emin misin? Tespih gerçekten elindeydi belki, evet. Beden olarak da kendini odaya kapatmış olabilirsin saatlerdir. Peki ya zihnin? Bedenin ile aynı yerde miydi?" Adam hiçbir şey diyemez. Çünkü aklı gerçekten de birkaç saat sonra buluşacağı arsa sahibiyledir. Kelepir bir arsa bulmuştur ve ne yapıp edip onu ucuza almalıdır sahibinden. Ve daha şimdiden arsa sahibi ile pazarlığa oturmuştur bile.

Beklenti karşılığı yapılan hiçbir iş kutsal değildir. Bu beklenti cennete girmek de olabilir, işinde terfi etmek de, toprağı sürmek de... Bir işi hakkıyla yapabilmek onu sevmekten geçer. Çıkarsız sevmekten. Severek yapmadığınız bir işin zorluklarına katlanamazsınız. Tabir yerindeyse, silah zoru ile yapılan her işte bir beklenti mutlaka vardır. Ve beklentileriniz arttıkça umudunuz da azalır. Buna mâni olmanın yolu düşüncelerinizin mekanik akışına kapılmamaktan geçer. Dürtüsel tepki vermek yerine düşünceli tepki vermeye çalışmak önemlidir. Bu, beklentilerinizin yok olmasa bile daha mütevazı bir hal almasını sağlar. Mütevazı ve aklı başında sahip olunan beklentiler insana umut verse de aslında bu bir illüzyondur. Beklentileri azaltmak belirsizlikleri azaltmak demektir.

Belki de Robin Sharma sonuna kadar haklıdır:

"Formül: Sıfır beklenti, sonsuz mutluluk."

Ne dersiniz?

"Ben hüznümü,
kederimi ancak Allah'a şikâyet ederim."
- Yusuf, 86

Şikâyet etmeden önce kendinize dönün

Bir amirim vardı zamanında. "Yalakalığı hiç sevmem, ama bana yapılınca çok hoşuma gidiyor" derdi. Gülünç değil mi sizce de? Şikâyet bunun gibi her alanda, her konuda yapılıyor. İşin garibi şu ki şikâyet ettiğimiz ne varsa başrolünde buluyoruz kendimizi.

Her şeyden şikâyetçi olan insanlara asla katlanamıyorum. Diğerlerini eleştirirken, şikâyet ederken insan biraz da ben kimim deyip dönüp kendisine bakmalı. Neleri yanlış yaptım, nasıl düzeltebilirim bazı şeyleri diye düşünmeli. Birilerini suçlamak, durmadan bir şeylerden şikâyetçi olmak insanın kendi hataları ile yüzleşmesini imkânsız kılar çünkü. Sahip olduğumuz her şey en güzel, en büyük olsun isteriz; evimiz, eşimiz, arabamız, cüzdanımız; sonra da herkesin egosu çok büyük diye şikâyet ederiz.

Will Bowen, *Şikâyet Özgür Dünya* kitabında şikâyet etmenin başlıca kullanım sebeplerini şu başlıklar altında topluyor:

Konuşma/sohbet başlatmak veya arkadaşlık kurmak

İnsanlar şikâyet mekanizmasını birbirleriyle ilişki kurmak için kullanırlar. Asansör gibi kapalı bir alanda ya da uzun bir otobüs yolculuğunda yanımızda oturan yolcuyla çoğumuz konuşma başlatmak için bir yol ararız. Bunu nasıl yaparız? "Bugün gerçekten çok sıcak!" benzeri bir cümle ile hava durumu hakkında şikâyet ederiz.

Sorumluluktan çekinip harekete geçmekten kaçmak

Sizin de başınıza gelmiştir. Birisi gelir yanınıza ve bir sorundan dolayı şikâyet etmeye başlar. Makul bir çözüm önerseniz dahi, önerinizde hata bulur ve bu konuda da şikâyet eder! Amaç aslında "Çok fazla sorun var ve hiçbir çözüm yok!" yalanına kendisini inandırmak ve çözüm için harekete geçmekten kaçınmaktır.

Üstünlüğünü göstermek, övünmek

"İnsanların araba sürerken sinyalleri kullanmamalarından nefret ediyorum!" veya "İnsanlar olması gerektiği gibi sürmüyorlar araçlarını!" benzeri şikâyetler aslında şikâyetçinin diğerlerinden daha iyi olduğunu ima eden üstünlük çığlıklarıdır.

Başkalarını kontrol etmek/yönlendirmek

Şikâyet mekanizması, başkalarının sadakatlerini değiştirmeye teşvik etmenin bir yolu olarak da kullanılır. Örneğin: "Onu dinleme. Fikirleri çok basit ve yersiz." Bu tür şikâyetlerden oluşan karışıklık ve karalama kampanyalarına kurumsal hayattan siyasete her alanda rastlayabilirsiniz. Amaç burada, kişinin bakış açısını değiştirmesini, onu kontrol etmeyi sağlamaktır.

Kötü sonuçlar için bahane oluşturmak

Western Carolina Üniversitesi Psikoloji Bölümü'nden Kowalski, birçok şikâyetin kendini savunma güdüsü için dile getirildiğine inanıyor. Örneğin, işe geç kalındığında trafikten şikâyet etmek, gecikmenizi haklı çıkarmanın bir yolu olabiliyor. Ya da bir eş, kocasına "Bütün gün çok yoğundum!" diyerek, doğum gününü kutlaması için eşinin annesini aramayı unuttuğunu örtbas edebiliyor.

En acı olanı da insanın durmadan kendisinden şikâyetçi olmasıdır. Sadece kendine etmiş olacaksın çünkü. Bir ömür kendini paralasan da sorunlar, dertler, istekler asla tükenmeyecektir. "Kendi bilgisizliğini örtbas etmek için en etkili çare başkalarının bilgisizliğinden yüksek sesle şikâyet etmektir" diyor Cenap Şahabettin. Katılmamak elde değil. Artık bilgisizliği bastırmak için değil, beceriksizliği, ahlaksızlığı da örtbas etmek için her şeyden şikâyetçi olur hale geldik. Herkes birbirinden şikâyetçi lakin kimse kendisinin aile içinde, sosyal ilişkilerinde, işinde ne kadar iyi, ahlaklı, fedakâr vb. olup olmadığını düşünmüyor.

Kendimize sormalıyız: "Ben nasıl bir insanım? Nasıl bir babayım? Nasıl bir evladım? İşimi sağlam yapabiliyor muyum? Liyakatli miyim? Sözümün eri miyim? Maaşımın hakkını verebiliyor muyum? Kul hakkına dikkat ediyor muyum?" vb.

Ne yazık ki ahlaklı olmak artık meziyet olmaktan çıkıyor yavaş yavaş. Hırsın, tamahın kölesi haline geliyoruz. Bencil olmaktan rahatsızlık duymuyoruz. Kanaat kalmadığı gibi, bereketi de azaltıyoruz. Neredeyse birbirimizden nefret eder hale geliyoruz. İbadetler artıyor ama insan ilişkilerimizde İslam'ın emir ve tavsiyelerinden de bir o kadar uzaklaşıyor, rahatlıkla kul hakkına girebiliyoruz. Halbuki İslam, Allah ile kul arasındaki ilişkinin çerçevesini rutin ibadetlerle sınırlamaz. Diğer bireyler ile olan ilişkilerimizi ancak sevgi ve saygı çerçevesinde şekillendirdiğimizde ve bunu ibadetlerimiz ile birleştirdiğimizde iyi insan olunabilir, hayat daha yaşanılabilir bir hal alır. Yeri geliyor insanlardan bunalıyoruz, kimseyi göresimiz gelmiyor. Ama bir şeyden şikâyet edebilmek için bile bir insan gerekiyor. Öyle bir ikilem bu.

Sızlanmak insanın doğasında var. Araştırmalar, sıradan bir diyalogda bile her iki tarafın da her zaman bir şikâyette bulunduğunu gösteriyor. *Three Simple Steps*'in yazarı Traver Blake bu durumu şu cümleler ile doğruluyor: *"İnsanları, ortak bir mem-*

nuniyetsizlikten daha etkili şekilde bir arada tutan bir şey yoktur." Fakat tüm bu şikâyet etmelerin bir bedeli var elbet. Biz mızmızlandıkça stres hormonları salgılanıyor ve beynimizin bilişsel fonksiyonlarının gerçekleştiği alanlarda bulunan sinirsel bağlantılar zarar görüyor. Bu durum, başka birisinin şikâyetlerini dinlediğimiz zaman için de geçerli üstelik. Bir nevi pasif içicilik gibi. Gerçi, bazen de içimizi döküp şöyle bir rahatlamak istiyoruz. Kesinlikle işe yarıyor bu durum, değil mi? Yapılan bir çalışma, duygularımızı içimize atmanın insan ömrünü ortalama iki yıl kadar kısalttığı gösteriyor. Karar sizin.☺

Sürekli şikâyet halinde olan, mızmız bir tip olmamak için:

- Çok sevin. En çok da kendinizi sevin. İnsanları, tüm canlıları, yaşamı sevin. Tolstoy'un da dediği gibi çünkü: "*Hiçbir zaman, hiç kimse çok fazla sevildiği için şikâyet etmemiştir.*"

- Sürekli şikâyet eden insanlarla aranıza mesafe koyun.

- Şikâyetinizi çözüme dönüştürün.

- "Ama + Olumlu ifade" kullanın. Şikâyet ettiğiniz konu her neyse sonuna bir "ama" ekleyin ve olumlu bir durum ile destekleyin: "İşe gitmek için erken kalkmayı sevmiyorum, ama bir işim olduğu için yine de müteşekkirim."

- Yaptıklarınızı bir "zorunluluk" değil, "gereklilik" gibi görmeye çalışın. "Çocukları okuldan yine ben almak zorundayım" yerine "Çocukları okuldan almam gerek" diyebilirsiniz mesela.

Eğer

"Eğer, bütün etrafındakiler panik içine düştüğü ve bunun sebebini senden bildikleri zaman sen başını dik tutabilir ve sağduyunu kaybetmezsen,

Eğer sana kimse güvenmezken sen kendine güvenir ve onların güvenmemesini de haklı görebilirsen,

Eğer beklemesini bilir ve beklemekten de yorulmazsan veya hakkında yalan söylenir de sen yalanla iş görmezsen ya da senden nefret edilir de kendini nefrete kaptırmazsan, bütün bunlarla beraber ne çok iyi ne de çok akıllı görünmezsen,

Eğer hayal edebilir de hayallerine esir olmazsan,

Eğer düşünebilip de düşüncelerini amaç edinebilirsen,

Eğer zafer ve yenilgi ile karşılaşır ve bu iki hokkabaza aynı şekilde davranabilirsen,

Eğer ağzından çıkan bir gerçeğin bazı alçaklar tarafından ahmaklara tuzak kurmak için eğilip bükülmesine katlanabilirsen ya da ömrünü verdiğin şeylerin bir gün başına yıkıldığını görür ve eğilip yıpranmış aletlerle onları yeniden yapabilirsen,

Eğer bütün kazancını bir yığın yapabilir ve yazı-tura oyununda hepsini tehlikeye atabilirsen ve kaybedip yeniden başlayabilir ve kaybın hakkında bir kerecik olsun bir şey söylemezsen,

Eğer kalp, sinir ve kaslarını eskidikten çok sonra bile işine yaramaya zorlayabilirsen ve kendinde 'Dayan!' diyen bir iradeden başka bir güç kalmadığı zaman dayanabilirsen,

Eğer kalabalıklarda konuşup onurunu koruyabilirsen ya da krallarla gezip karakterini kaybetmezsen,

Eğer düşmanların da sevgili dostların da seni incitmezse,

Eğer aşırıya kaçmadan tüm insanları sevebilirsen,

Eğer bir daha dönmeyecek olan dakikayı, altmış saniyede koşarak doldurabilirsen,

Yeryüzü ve üstündekiler senindir.
Ve dahası
sen bir İNSAN olursun oğlum..."

- Rudyard Kipling

"İmkânsız yok, dua var.
Ümitsizlik yok, şükür var.
Acele etmek yok, sabır var.
Korkumuz yok çünkü Allah var."

Cennet de cehennem de senin içinde

Yaşlı bir adam evinin bahçesinde torunuyla birlikte oturmuş, az ötede birbiriyle boğuşup duran iki kurt köpeğini seyrediyordu. Küçük çocuk kendisini bildi bileli biri siyah diğeri beyaz olan bu iki kurt köpeği bahçede birbirleri ile boğuşuyordu. Çocuk uzun süredir renklerinin neden siyah ya da beyaz olduğunu anlamak istiyordu artık. Üstelik evi korumak için bir köpeğin yeterli olduğunu düşünüyordu. Dedesine merakla sordu.

"Onlar..." dedi dedesi. "Benim için iki önemli simgedir evlat."

"Neyin simgesi?" dedi çocuk.

"İyilik ile kötülüğün simgesi. Şu gördüğün köpekler gibi, iyilik ve kötülük içimizde sürekli mücadele eder durur. Onları seyrettikçe hep bunu hatırlarım. Bu nedenle yanımda tutarım onları."

"Peki dede..." dedi çocuk. "Sence kim kazanır bu mücadeleyi?"

Dedesi bir gülümsemeyle baktı torununa.

"Hangisi mi evlat? Ben, hangisini daha iyi beslersem o kazanır!"

Şems Suresi'nde Rabbimiz açıkça, insanı iyi ve kötü yönleriyle yarattığını şöyle bildiriyor: *"Nefse ve onu düzgün bir biçimde şekillendirip ona kötülük duygusunu ve takvasını (kötülükten sakınma yeteneğini) ilham edene ant olsun ki..."*

İnsanoğlunun ayakları cehennemi işaret ederken başı ise cenneti gösteriyor. Hepimizin içinde fıtraten iyilik ve kötülük tohumları var. Bu tohumlardan hangisinin yeşereceği tamamen kendi elimizde. Ancak farkına varılmayan bir zaaf, kötü huy ya da zayıflık kişi için yok hükmündedir. Kuran, insanı doğru olana, takvaya yönlendirmek için zayıf noktalarımıza birçok yerde değinmiştir. Zayıf noktalarımızdan güçlü taraflarımızı inşa edelim diye ufak bir araştırma yaptım. Kendimizle yüzleşmeye, kendimizi gömmeye hazır mısınız?☺

İnsanın Kuran'da belirtilen zayıf noktaları:

İnsan sıkıntılı anlarda Allah'ı anar, sıkıntı geçince yüz çevirir

Bu durumdan Kuran'da birçok kez bahsedilmiştir. Sıkıntılı anlarımızda hepimiz Allah'a yönelir, sıkıntılar geçince vurdumduymazlık baş gösterir ve hatta sahip olduğumuz iyi durumları kendimizden biliriz. Bir zarara uğrayınca hemen sızlanır, geçince de tüm bunlar hiç başımıza gelmemiş gibi unutkan oluruz. Yunus Suresi 22-23 kusursuz anlatımıyla buyurmuş ki:

"O, sizi karada ve denizde gezdirip dolaştırandır. Öyle ki gemilerle denize açıldığınız ve gemilerinizin içindekilerle birlikte uygun bir rüzgârla seyrettiği, yolcuların da bununla sevindikleri bir sırada ona şiddetli bir fırtına gelip çatar ve her taraftan dalgalar onlara hücum eder de çepeçevre kuşatıldıklarını (batıp boğulacaklarını) anlayınca dini Allah'a has kılarak 'Ant olsun, eğer bizi bundan kurtarırsan, mutlaka şükredenlerden olacağız' diye Allah'a yalvarırlar. Fakat onları kurtarınca, bir de bakarsın ki yeryüzünde haksız yere taşkınlık yapıyorlar..."

İnsan acelecidir

Goethe, *Genç Werther'in Acıları*'nda şu muhteşem cümleyi kuruyor: *"Niçin siz insanlar bir konudan söz etmek için hemen budalacadır, şu akıllıcadır, bu iyidir, şu kötüdür demek zorundasınız? Yargıladığınız eylemin içsel koşullarını araştırdınız mı? Eylemi meydana getiren, onu bir zorunluluk haline getiren nedenleri kesin olarak belirleyebiliyor musunuz? Eğer böyle yapmış olsaydınız yargılarınızı öne sürerken bu kadar aceleci davranmazdınız."*

Yaşamın kendine ait bir ritmi var. İlahi adalet var, tevekkül var, sabır, şükür ve dua var.

Öylesine aceleciyiz ki olacak olan hemen oracıkta oluversin istiyoruz. Adalet hemen tecelli etsin, başarı hemen gelsin, bir karar verilecekse hemen verilsin, bizi üzenler de hemen üzülsün, kısa yoldan çok para bizi bulsun... Öyle ama hayatın bizim kadar acelesi yok ki. Olacak olan, en mükemmel şekliyle, olması gerektiği zamanda oluyor zaten.

Aceleci vasfımızın en büyük nedenlerinden biri kolay elde etme eğiliminde olmamızdır. Ahiret saadetini dünyada yaşamaya çalışmak aceleciliğe meylettirir. Halbuki birçoğumuz bilmeyiz ki aceleyle hayrı ararken istemeden şerri davet edebiliriz. Bu acele boşunadır.

Aşağıdaki ayetler yüzümüze tokat gibi vuruyor gerçeği:

"İnsan, aceleci (bir tabiatta) yaratılmıştır..."

– Enbiya, 37

"İnsan hayra dua eder gibi şerre dua eder.
İnsan çok acelecidir."

– İsra, 11

İnsan cimridir

Elde etmek istediği şeyler hususunda bir o kadar hırs sahibi olan bizler, elimizdeki nimetleri -ki buna sevgi, mutluluk gibi manevi kazanımlar da dahil- başkalarıyla paylaşma konusunda bir o kadar cimriyiz. Bana kalırsa insan öylesine cimridir ki ona verilen beyni kullanmaktan bile imtina eder.

Durumumuzu açıklayan iki ayeti sizlerle paylaşıyorum:

"Gerçekten insan, pek hırslı (ve sabırsız) yaratılmıştır.
Kendisine fenalık dokunduğunda, sızlanır, feryat eder,
ona imkân verildiğinde ise cimrileşir, pinti kesilir."

– Mearic, 19-21

"De ki: Eğer Rabb'imin rahmet hazinelerine
siz sahip olsaydınız, o zaman (dahi) harcamak(la tükenir)
korkusuyla cimrilik ederdiniz. Zaten insan çok cimridir."

– İsra, 100

İnsan menfaatine çok düşkündür

Şu ayet menfaat yönümüzü apaçık tasvir ediyor:

"İnsanlardan öylesi de vardır ki,
Allah'a kıyıdan kenardan kulluk eder.
Eğer kendisine bir hayır dokunursa, gönlü onunla hoş olur.
Şayet başına bir kötülük gelirse, gerisingeri (küfre) dönüverir..."

– Hacc, 11

Bu yönü ağır basan insanlar gönülden ve huşu içinde değil, belli bir dünyevi maksat için ibadet eder. Kalbe yerleşmemiş bir dindarlık Allah'ın rızasından başka maksatlar güder. Böyleleri başlarına gelen bir iyilik karşısında sevinir, bir bela gelirse Hakk'a yüz çevirir. Bu insanlar insan ilişkilerinde de ziyadesiyle aynı tutumu sergilerler. Düşünsenize, menfaati için Rabb'ine yüz çeviren, insanlara ne yapmaz? Sabahattin Ali, *Sırça Köşk*'ünde bizim yerimize sitemimizi dile getirmiş, baksanıza:

"Bu dünya menfaat dünyası.
Menfaatini düşünmeyen insan olur mu?
Eline fırsat geçirip de çalmayan bir kişi göstersene bana!
Ha? Bir kişi! Kör olayım yoktur."

İnsan kıskanç ve hasetçidir

Bence en tehlikeli sıfatlardan birisi de kıskançlık ve hasettir. *"Nefisler kıskançlığa meyyaldir..."* diyor Nisa Suresi'nde. Ve yine Nisa Suresi 54 şu soruyu yöneltiyor: *"Yoksa onlar, Allah'ın lütfundan verdiği şeyler için insanlara haset mi ediyorlar?"*

Açıkçası benim dünyam kıskançlıktan epeyce bir uzak. Haset etmek kadere karşı gelmek demektir. Kıskançlık, yazgıya itiraz etmek demektir gözümde. Ben hep bana verilende de verilmeyende de hayır aradım. Rabb'imin başkasına verdiklerine de razı geldim. Bu dünyada biz bile emanetken kimi kimden kıskanacağım ki? Resulullah, hasedin zararını bizlere şöyle haber vermektedir: *"Haset etmekten sakının. Zira haset, ateşin odunu yiyip bitirdiği gibi iyilikleri yer bitirir."*

İnsan pek nankördür

Adiyat Suresi 6-8 gayet net bir şekilde sesleniyor bize: *"İnsan, Rabb'ine karşı pek nankördür. Şüphesiz buna kendisi de şahittir. O, mal sevgisine aşırı derecede kapılmıştır."* Bazı insanlar da böyledir işte. Tamahkârdır, dünya malına meyletmiştir, sahip olduğu nimetlerin kıymetini bilmez, şükürde noksandır. Zaten nankörlüğe yol açan tek şey şükürsüzlüktür.

İsra Suresi 17 nankör insanların davranışlarının içinde bulundukları şartlara göre nasıl değişkenlik gösterdiğini şöyle ifade ediyor: *"Denizde size bir sıkıntı dokunduğunda bütün taptıklarınız (sizi yüzüstü bırakıp) kaybolur, yalnız Allah kalır. Fakat sizi kurtarıp karaya çıkarınca yüz çevirirsiniz. Zaten insan çok nankördür."* Yaradan bizi bu dünyada hem hayırla hem de şerle imtihan eder. Bunu kavrayamayan kalp, bir sıkıntıya uğradığında Rabb'ine bile yüz çevirebilir.

Balzac'ın çok sevdiğim bir sözü vardır:

"İnsanlara, onları size nankörlük yapmaya mecbur bırakacak kadar büyük iyiliklerde bulunmayın."

Dostoyevski ise onu duymuşçasına yanıt verir *Yeraltından Notlar*'da:

"Çünkü insanoğlu ahmak bir yaratıktır,
hem de akıl almaz ölçüde.
Hatta nankör desek daha doğru olur,
eşi görülmemiş bir nankörlük..."

İnsan çok zalim ve cahildir

Ahzab 72 şöyle diyor: *"Şüphesiz biz emaneti göklere, yere ve dağlara teklif ettik de onlar onu yüklenmek istemediler, ondan çekindiler. Onu insan yüklendi. Çünkü o çok zalimdir, çok cahildir."* Burada geçen "emanet" Allah'a karşı sorumluluğumuzu yerine getirmeyi ifade eder. Hepimiz emanet-i kübrayı yüklenmiş, düşe kalka, kıra döke ahirete doğru gidiyoruz. İnsan bu emaneti akıl ve iradesiyle koruyacaktır. Yüklenen bu emanet, bizi diğer varlıklardan ayırır.

Merhamet sahibiyiz. Eğer kullanmazsak bundan zulüm çıkacaktır. Akıl sahibiyiz. Eğer kullanamazsak bundan da cehalet çıkacaktır.

İnsan güçsüz yaratılmıştır

İçimizdeki Şeytan'da ne diyordu Sabahattin Ali:

"İçimizde şeytan yok. İçimizde aciz var. Tembellik var. İradesizlik, bilgisizlik ve bunların hepsinden daha korkunç bir şey: Hakikatleri görmekten kaçmak itiyadı var..."

Hepimizin zayıf yönleri mevcut. Dilimizin söylemekten, kalbimizin sevmekten, ruhumuzun yaşamaktan âciz olduğu anlar var. Hem ruhsal, fiziksel, hem de irade olarak yenik düştüğümüz birçok durum var. Para denilen kâğıt parçasına tüm hayatımızı adayabiliyoruz. Gözle göremediğimiz bir mikrop bile küçük dağları ben yarattım fikrindeki havalı bir kulu ölüme götürebiliyor:

"Allah, sizi güçsüz olarak yaratan,
sonra güçsüzlüğün ardından bir güç veren,
sonra gücün ardından bir güçsüzlük ve yaşlılık verendir."

– Rum, 54

İnsan ümitsizdir (yeûs/kanût)

Fussilet 49 şöyle değiniyor bu duruma:

"İnsan, hayır (mal, mülk, genişlik) istemekten usanmaz.
Fakat başına bir kötülük gelince umutsuzluğa düşer, yıkılır."

Hepimizi ayakta tutan bazı değerler vardır. Sanırım insana yaşama azmi veren en önemli kelime ise "ümit"tir. Kuran, birçok alanda Allah'tan ümidin kesilmemesi gerektiğini bizlere hatırlatmaktadır halbuki. Rabb'imize olan bağlılığımız, yaşama ve nimetlerine olan saygımız böyle ümitsizlik anlarında kendisini belli eder. Allah, bir şeyin olmasını istediği zaman, bizler gibi bir sebebe ihtiyaç duymaz. Şartlar ne kadar kötü olursa olsun, tevekkül edip, Allah'ın gücünün her şeye yetebileceğini unutmamak gerekir.

"Umutsuzluk yok, dua var. Ümitsizlik yok, şükür var.
Acele etmek yok, sabır var.
Unutmayın, imkânsız yok, çünkü Allah var."

Zaman için bir yazar şöyle diyor:

"Yaşamaya zaman ayırın,
zira zaman bunun için yaratılmıştır.
Vakit öldürmek, intihar demektir.

Çalışmaya zaman ayırın,
muvaffakiyetin bedeli budur.

Düşünmeye zaman ayırın,
iktidarın kaynağı budur.

Eğlenmeye zaman ayırın,
sağduyunun kaynaklarından biri budur.

Etrafınızdakilere nazik davranmaya zaman ayırın,
saadete giden yol budur.

Hayal kurmaya zaman ayırın,
dünyanın dertlerini kısa bir zaman unutmak için
en tatlı çare budur.

Etrafınıza bakmaya zaman ayırın,
günler insanın egoist olmasına müsaade etmeyecek kadar kısadır.

Gülmeye zaman ayırın,
ruhun musikisi budur.

Çocuklarla oynamaya zaman ayırın,
bu zevklerin en büyüğüdür.

Terbiyeli olmaya zaman ayırın,
bu cemiyet insanının sembolüdür.

"Dünya herkesin ihtiyacına yetecek kadarını sağlar, fakat herkesin hırsını karşılamaya yetecek olanı değil."

– Mahatma Gandi

En yüksek gelişmişlik düzeyi: Sadelik

Bir Kızılderili öğretisi der ki:

"Bir atın susuzluğunu giderdiği yerden su iç; at hiçbir zaman kötü su içmez. Kedinin yattığı yerde uyu, kurdun değdiği elmayı ye. Sivrisineklerin yerleştiği mantarları korkusuzca topla. Köstebeklerin kazdığı yere ağaç dik. Yılanın ısınmaya durduğu yere ev yap. Sıcak günlerde kuşların yuva yaptığı yere kuyu kaz. Horozlarla beraber uyu ve uyan ki, tüm gün için en sarı mısırlara ulaşabilesin. Daha çok yeşillik ye ki bir hayvandaki gibi güçlü bacaklara ve dayanıklı bir kalbe sahip olabilesin. Daha çok yüzmeye git ki dünyada kendini bir balığın kendini denizde hissettiği gibi hissedebilesin. Daha sık gökyüzüne bak, daha az ayaklara, böylece düşüncelerin daha net ve hafif olacaktır.

Konuşmak yerine, daha çok sessiz kal; böylelikle ruhun sakinliğe ve huzura erebilecek. Arkamda yürüme, ben öncün olmayabilirim. Önümde yürüme, takipçin olmayabilirim. Sana uymayabilirim. Yanımda yürü ki böylece seni görebileyim, böylece ikimiz eşit oluruz. Avlayacaksan en zayıf geyiği avla, çünkü sağlam olanlar yeni neslin devamını sağlayacaktır. Barış ve mutluluk her anda mevcuttur. Barış ve mutluluk her adımdadır. Ruhun meseleleri için siyasi çözümler yoktur. Bir başkasının kabahati hakkında konuşmadan önce daima kendi çarığının içine bak.

Kartalı vuran kendi tüyünden yapılmış oktur. Doğum yapan her şey dişidir. Kadınların ezelden beri bildiği kâinatın dengelerini erkekler de anlamaya başladıkları zaman, dünya daha iyi bir dünya olmak üzere değişmeye başlamış olacaktır.

Dur, dinle. Hep konuşursan hiçbir şey duyamazsın. Dünyadaki her şeyin bir sebebi vardır. Her bitki bir hastalığı tedavi etmek için büyür. Ve her insan bir görevle yaratılmıştır. Her birimizin farklı bir rüya gördüğünü hatırlatmakta fayda var. İlkbaharda usul usul yürü; Toprak Ana hamiledir.

İnsan iki ruhludur, içinde bir iyi köpek bir de kötü köpek kavga eder. Hangisini daha çok beslersen o kazanır. Kaybetmeyi ahlaksız bir teklife tercih et. İlkinin acısı bir an, diğerinin vicdan azabı bir ömür boyu sürer.

Su gibi ol. Her şeyden aşağıda, ama kayadan bile kuvvetli.

Yapmamız gereken: Her şeyi eski sadeliğine döndürmektir, böylece bozulan düzenimiz yeniden kurulacaktır."

Çöp Kutusu Testi

Dalgın bir şekilde yolda yürüyorsunuz. Kafanızda bir milyon düşünce var. Ansızın, fark edemediğiniz bir çöp kutusuna çarpıp devirdiniz. Kutu devrildi. Sizce yola neler döküldü?

a. Hiçbir şey dökülmedi, teneke boştu.

b. Bir yığın çöp yola saçıldı. Poşetlenmemiş, darmadağın çöpler...

c. Elma çöpleri, tavuk kemikleri ve bazı yemek artıkları.

d. Gayet güzel bağlanmış siyah bir çöp torbası.

(Cevaplar kitabın sonunda.)

"Yeryüzünde bütün ıstıraplar,
aza kanaat etmemekten doğar."

– Firdevsi

Bu kadar yemekle nasıl ölmüyoruz?

Hiç kendinizi bir ceviz kurduna benzettiğiniz oldu mu?

Durun, anlatayım. Zayıf ve cılız bir ceviz kurdu gözüne kestirdiği bir cevizin kabuğundan delik açar ve girer içeri. Cevizin içini sanki son yemeğiymiş gibi yemeye başlar bir hırsla. Yedikçe yer. Yedikçe, zavallı kurtçuk şişmanlamaya başlar. Karnı kocaman olur. Neredeyse hareket bile edemez hale gelir. Karnı tıka basa doyan kurtçuk çıkıp gitmek ister. Ama girerken açtığı delik artık onun için çok küçük kalmıştır. Hem cevizin kabuğu da kuruyup, sertleşmiştir. Kurtçuk deliği genişletmek ister dışarı çıkabilmek için ama nafile.

Dışarı çıkmak için tek yol kalmıştır: Aç susuz zayıflamayı beklemek. Zamanla, zavallı kurtçuk eski cılız haline döner. Girdiği delikten nihayet çıkar. Fakat bir bakar ki etrafına, mevsim artık kıştır. Ortada aç ve cılız bir kurtçuk ile içi yenilip bitirilmiş kuru bir cevizden başka bir şey kalmamıştır.

Bir pazar sabahı, kahvaltıyı hazırla, sofrayı kaldır, bulaşıkları yerleştir derken güzelce muhabbet edemiyoruz diye, hadi şöyle ailece güzel bir pazar kahvaltısı yapalım dedik dışarıda. Güzelim Boğaz manzaralı bir mekân. Sanırım 5-6 kişiyiz, iki de ufaklık var. Hanımlar mönüye bakarken biz tipik Türk erkekleri olarak başladık kâr hesabına:

"Abi nerden baksan 20-25 masa var. Masa başına 200 lira bıraksalar, of iyi para vallahi. Aylık eder sana şu kadar..."

Neyse, konumuz bu değil.☺ Garson arkadaş geldi. Biz 2-3 kişilik serpme kahvaltı alıp, birkaç da ekstra söylesek tıka basa doyacağız, eminiz.

"Üç serpme kahvaltı, ortaya da şöyle kızarmış patates, iki duble menemen..." dememe kalmadı, tenkidi yedik oracıkta:

"Kusura bakmayın beyefendi ama kahvaltıyı kişi başı almak zorundasınız."

"Kardeşim..." dedim. "İyi, hoş, kurallarınıza da saygı duyuyorum ama yazık günah. Gelenlerin yarısı çöpe gidecek. Sekiz kişilik serpme kahvaltıda nerden baksan birer kiloya yakın zeytin, peynir, reçel falan var. Biz bir ayda yemiyoruz o kadarını!"

"Müessesemizin kuralı efendim, benim yapabileceğim bir şey yok."

Şöyle zevkle bir kahvaltı yapalım dedik, konu nerelere geldi bakın. Şef garsonu rica ettim masaya, başladım anlatmaya:

"Ya hocam, bir milyar insan kıtlık yaşıyor bu dünyada, bir buçuk milyara yakın insan susuzluk çekiyor. Ülkede bir günde çöpe atılan ekmek miktarı İstanbul nüfusunun neredeyse çeyreği kadar, yani 4-5 milyon..." Anlattım da anlattım. "Gözünüzü seveyim, siz yine kişi başı ücreti alın ama istediklerimizi getirin sadece."

Son cümlede gördüğünüz gibi havamı da yaparım.☺ Neyse ki sevgili müesseseyi ikna edebilmiştim. İstediğimiz siparişler geldi, hem de ekstra hesap da ödemedik sağ olsunlar.

Afrika'da, Masai kabile şefi Kiberenge, bir vesile ile ülkemize geliyor. Adamcağız hayatında hiç vahşi yaşamı terk etmemiş. Hayvancılıkla uğraşan yaklaşık 300 kişilik kabilenin reisi kendisi. Teknoloji vs.den bihaber. Öyle ki, ilk defa musluktan akan suyu görünce "Denizinizi buraya nasıl getiriyorsunuz?" diye soruyor. Şefi, misafirperverliğimizin göstergelerindendir, kahvaltıya götürüyorlar ilk sabah. Kahvaltıda onlarca çeşit ve sürekli gelen ikramlar karşısında şaşkına dönen şef o güzelim soruyu soruyor masadakilere:

"Siz bu kadar yemekle nasıl ölmüyorsunuz?"

Diğer masumane sorulardan birkaçını daha yazayım şuraya:

"Sizin yollarınız ve arabalarınız hiç uyumaz mı?"

"Evleriniz neden çok büyük?"

"Bu kadar eşya ve oda ruhunuzu yormuyor mu?"

"Sigara içen insanlar sigaranın ruhlarını ve bedenlerini öldürdüğünü bilmiyor mu?"

"Asansörü yukarıya kim çekiyor?"

Kahvaltıda ilk defa gördüğü portakal suyu için: "Sizin sütünüz bu renkte mi?"

Denizde gördüğü vapur için: "Bu yüzen ev mi?"

Dünyanın dengesi yerle bir olmuş durumda. Her bir dakikada yaklaşık 15 insan açlıktan ölüyor. İşin garibi, her bir dakikada yaklaşık 20 insan da tokluktan hayatını kaybediyor. *Lancet* tıp dergisi bir araştırma yayımlamıştı. 2010 yılında 3 milyondan fazla insan aşırı kilonun yol açtığı hastalıklardan dolayı ölmüştü. Bu rakam, dünyada aynı yıl açlık yüzünden ölenlerin yaklaşık üç misli kadardı.

"Ağaca konan bir kuş
dalın kırılma ihtimalinden hiç korkmaz.
Onun güveni ağaca değil, kendi kanatlarınadır."
- Henrik İbsen

Öğrenilmiş cehalet

Bunu okuduktan sonra fark edeceksiniz ki ki beyniniz ikinci "ki"yi okumanıza izin vermedi, değil mi?

Neyse ki konumuz bu değil.

Sevgili dostum Emre Akın -sevgili diyorum, çünkü 80 kilo olarak derslerine katılan bir kişi iki üç eğitim sonunda 75 kiloya düşebiliyor, sahi Emre nasıl başarıyorsun bunu?☺- güzel bir hikâye göndermişti geçenlerde. Çok hoşuma gittiği için sizinle de paylaşacağım.

1503 yılı Haziran'ında, Kristof Kolomb, gemilerin tamir işlemleri için Jamaika'ya gider. Tamirat sırasında, orada bulunan yerliler personele yardımcı olur, gemi tayfasına yiyecek içecek yardımında bulunurlar. Günler geçer, aylar geçer ancak tamirat hâlâ devam etmektedir. Üstelik gemi tayfası, yerlilerin yiyecek ve içeceklerini yağmalamaya da başlar. Yerliler haklı olarak bu duruma fena sinirlenirler, yardım ve desteklerini keserler. Kolomb çaresiz kalır. O dönemlerde gemilerde, yıldızların pozisyonlarını da içeren bir takvim bulunmaktadır. Ünlü kâşif takvimi incelerken, ertesi gün Ay tutulması olacağının farkına varır. Aklına parlak bir fikir gelir ve yerlilerin şefini ziyaret eder hemen.

Şefe, Tanrı ile görüştüğünü ve Tanrı'nın yardımın kesilmesinden ötürü çok kızgın olduğunu söyler. "O kadar kızgın ki Ay'ı kan kırmızı bir renge çevirerek sizi uyaracaktır" diye de ekler. Ertesi akşam Ay tutulması başlar ve tutulmadan dolayı

Ay'ın rengi kızıla çalar. Kolomb'un oğlu, o anı günlüğünde şöyle tasvir etmiş: "İnleme ve feryatlarla birlikte, her yerden gemilere doğru geldiler, yiyecek ve içecekler getirdiler, Tanrı'ya onları affetmesini söylemesi için amirale yalvardılar."

Kolomb kum saatine bakar, 48 dakika sürecek olan tutulma neredeyse bitmek üzeredir. Kabiledekilere, Tanrı'nın onları affettiğini ve Ay'ı birazdan normal rengine çevireceğini söyler. Tutulma sona erer, Tanrı tarafından affedilen yerliler de mutludur, evrenin işleyişini bilen Kolomb da.

Sokrates'in, *"Tek bir şey biliyorum o da hiçbir şey bilmediğimdir"* sözünü duymayanınız yoktur. Halbuki sözün orijinali şöyledir:

"Tek bildiğim hiçbir şey bilmediğimdir
ama isteğim araştırmaya devam etmektir."

Bizlere hususi olarak ilk cümledeki mantık diretiliyor gibi geliyor bana. Sokrates bile bu durumdayken, bilmek bizim ne haddimize? Bilgisizliğimizi kendi ellerimizle onaylayalım değil mi, araştırmak bizim neyimize? Daha beteri ne biliyor musunuz, cehalet değil, cehaletin kutsanması. Bu yüzden şu cümleleri sarf ediyor Bertrand Russell:

"Günümüzde dünyadaki temel sorun,
cahillerin kendilerinden son derece emin,
akıllıların ise şüphe içinde olmalarıdır"

"'Bilgisizlik bilimi" de diyebileceğimiz bir sözcük var: Agnotoloji. Toplumlarda menfaat gereği cehalet yaymanın bilimi diğer bir deyişle. Ben öyle diyorum daha doğrusu. Tüm dünyada, özellikle ülkemizde obeziteden kansere, organik beslenmeden iklim değişikliğine kadar birçok alanda bilgi kirliliğinin, manipülasyonların olduğu bir dönemden geçiyoruz. Bilgiye her an erişebiliyor olmamız bilgiye erişebildiğimiz anlamına gelmiyor maalesef. Çağımızda bilgi tamamen bir paradoks haline dönüştü. Platon'un diyalogları arasında en sevdiklerimden Sokrates ile Menon'un diyaloğundaki bilginin edinimi konusundaki konuşmalar biraz daha açmaza sürüklüyor her seferinde beni. Doğasını kesinlikle bilmediğimiz bir şeyi aramak için ne yapabiliriz? Bilmediğimiz şeylerden hangisini aramaya kalkacağız peki? Ya bu şey tesadüfen karşımıza çıkarsa, bu kez onun aradığımız şey olduğunu nasıl anlayacağız? Onun ne olduğunu bilmiyoruz ki...

Bir şeyin aynı zamanda hem âlimi hem de cahili birçok birey oluşuyor toplumda giderek. Bu durum ise sadece bilginin yokluğundan kaynaklı değil. Eşzamanlı politik ve kültürel mücadelelerin de bir sonucu bu. Yani cehaleti yaymak da bir uğraş ve emek istiyor. İtinayla cehalet yaymanın belli başlı prensipleri var elbet:

- Temel görev toplumda bilgi kirliliği ve kafa karışıklığı yaratarak, bireylerin sağlıklı bilgelere ulaşmasını engellemektir.

- Ayrıca "En iyi ben bilirim" havası yaratacak bir özgüven gerekiyor. Dolayısıyla, her şeyi en iyi ben bilirimcilere biraz dikkat etmek gerek.

- Sorunlar ya da sorular ne kadar içinden çıkılamaz ve dengesiz olsa da her zaman dengeli bir tartışma ortamı içinde mütevazı cevaplar vermek önemlidir.

- İnsanların büyük resme bakmasını engellemek de bir diğer aşama. 36 ay vade ile maaşının 5 katı değerinde bir cep telefonu sahibi olmaya çalışan; süt, yumurta gibi temel besin ihtiyaçlarını bile taksitle karşılayan, sosyal aktivite deyince AVM'lerde mağaza mağaza gezmeyi anlayan bireyler yaratmak bu aşamanın temel görevidir.

İstanbul'un fethi sırasında papazların "meleklerin cinsiyetini tartışmakta olduğu" anlatılır. Biraz buna benzetiyorum şu anki halimizi. En büyük hedefi "Candy Crush" oyununda en yüksek puanı yapmak olan bir bireyden ne bekleyebiliriz? Cehalete, işsizliğe, eğitimdeki, gelir dağılımındaki dengesizliğe, yazın kavurucu sıcağında sokakta yaşayan hayvanlara bir tas su vermeye kafa yormasını değil elbette.

Ben her zaman hayırlısını istiyorum, evet. Yeri geliyor bazı şeylerin üstelenmemesi gerektiğine inanıyorum elde edemiyorsak. Şükrediyorum her daim olana da olmayana da. Ama bilgisizliği, vurdumduymazlığı bunların dışında tutmaya çalışıyorum. Kadere sonsuz inanıyorum ama cehaletin bizim kaderimiz olması gerektiğini asla kabul etmiyorum. Çünkü bilgisizliğin, içine düştüğü kör kuyu, bilginin reddine yol açıyor. Cehaletin boyutu da giderek katmerleniyor.

Bilgi ister edinmek için, ister başkasına aktarmak için olsun davranışta bir değişiklik yaratmıyorsa hiçbir işe yaramaz. Sadece yüktür. Bunun gerekliliği için en iyi örnek şu ayettir:

"Onlar,
ciltlerle kitap taşıyan eşeğin durumu gibidir..."

– Cuma, 5

"Bize hep, nasipse, kısmetse olur dememiz öğretildi.
Halbuki Yaradan dedi ki:
Her insanın kaderini kendi boynuna
(kişisel seçimine) yükledik.

– İsra, 13

Bizim hep, her şey olacağına varır dememiz istendi.
Halbuki Yaradan dedi ki:
İnsan için ancak, çalıştığı vardır!"

– Necm, 39

"Çocuk, hırslı bir gözlemcidir,
özellikle yetişkinlerin eylemlerine ilgi duyar,
onları taklit etmek ister.
Bu açıdan yetişkinin sorumluluğu büyüktür.
Çocuğun ilerdeki hareketleri için bir esin kaynağı
ve bir kılavuz olmanın sorumluluğunu duymalıdır."

– Maria Montessori

İyi bir rol model olun, iyi bir rol model bulun

Çocukluğum geniş bir aile ortamında geçti. Şöyle ki, bayram sabahı el öpmeye bir başladım mı pantolonumun iki cebini de kâğıt para ile doldurduğumu hatırlarım. Şimdiki gibi değildi, çocuklar bayramda çalınca komşu kapıları, şeker bile uzatmıyor çoğu insan artık, ah, ah... Belki 10-12 yaşlarındayım, net hatırlamıyorum. Kalabalık bir pazar kahvaltısı yapıyoruz evde. Laf lafı açarken babaannemin amcama, "Gide gele aynı babana çektin" dediğini hatırlıyorum. Ama amcamın cevabı öyle hoşuma gitmişti ki demek, hâlâ hatırlarım: "Ne bekliyorsun anne, oklavayı mı örnek alsaydım, evde hep babam vardı."☺

Aklıma hemen Aziz Nesin'in muhteşem hikâyelerinden biri geldi bunu anlatınca, bakın:

Baba insanla ana insan, çocuklarını çevrelerine toplamışlar, onlara insanlık dersi veriyorlardı. Baba insan, dersinin sonunu şöyle bitirdi:

"Yavrularım! Hayatta insan olmaya çalışın, hiçbir zaman insanlıktan ayrılmayın."

Çocuklar:

"Ne yapalım da insan olalım? İnsanlığın, insan olmanın yolları nelerdir?" diye sordular.

Baba insan:

"Çok kolay..." dedi. "Kendinize bizi örnek alın. Anneniz ve ben ne yapıyorsak, siz de öyle yapın!"

Çocuklar, baba insanla ana insana baktılar, onlar ne yapıyorlarsa öyle yaptılar. Hepsi de tıpkı tıpkısına babalarına benzediler. Baba insanla ana insan çocuklarını yine çevrelerine topladılar. Baba insan onlara:

"Yazıklar olsun!" diye bağırdı. "Hiçbiriniz bizim istediğimiz gibi yetişmediniz. Hiçbiriniz insan olmadınız. Hepiniz de insanlıktan uzaksınız. İnsanlıktan ayrıldınız. Artık ölüyoruz. Yazık oldu emeklerimize, boşa gitti. Bütün hakkımız haram olsun, Allah hepinizi kahretsin!"

Çocuklar şaşırdılar:

"Peki ama bize neden beddua ediyorsunuz?" dediler. "Biz yanlış bir şey mi yaptık yoksa? Size baktık, sizi örnek aldık. Siz ne yaptınızsa, biz de onu yaptık..."

Gençlerin, yakın iletişimde bulunduğu kişilerden etkilendiği ve onları örnek ("rol model" yazmıyorum sinirlenen olur diye)☺ aldığı ya da aksine örnek almaktan kaçındığı aşikârdır. USPAM (2006) araştırmasında gençlere "Kendinize yetişkin olarak kimi örnek alırsınız?" sorusu yöneltiliyor. Sonuçlar %11,6 anne, %10,9 baba, %9,7 öğretmen şeklinde çıkıyor. Yine *Indigo* dergisi (2016) araştırmasında bu sıralama aile yakınları, çizgi film karakterleri ve televizyonda izlenilen ünlü kişiler şeklinde oluşuyor. Biliyorsunuz, çocuklar öğrenci kimlikleriyle ebeveynlerinden çok öğretmenleri ve sınıf arkadaşlarıyla; yetişkin bir birey çalışan kimliğiyle aile fertlerinden çok müdürü ve iş arkadaşlarıyla iletişim kuruyor ya da kurmak zorunda kalıyor. Rol model sorumluluğu taşıyan bu kişilerin özellikle gençlerin tutum ve davranışları üzerinde ne kadar etkili olduklarının farkında olmaları ve bunun sorumluluğunu hissetmeleri öyle önemli ki...

Her an birilerinin gözü sizin üzerinizde. Ebeveyn kimliğinizle çocuğunuzun; öğretmen kimliğinizle öğrencilerinizin ya da mesleğine yeni başlamış bir öğretmen arkadaşınızın; müdür olarak çalışanlarınızın; komşu kimliğinizle yan dairedeki bir çocuğun... Model olma durumu sürekli karşılıklı bir etkileşim içindedir. Ebeveyn olarak çocuklarımızı iyi yetiştirmek istiyorsak komşunun çocuğuna da iyi örnek olmak gibi bir sorumluluğumuz var mesela, unutmayın.

Peki, gençler kendilerine örnek alacakları kişileri nasıl belirlemeli?

▸ Rol model olarak seçilecek kişilerin, bireyin amaçlarına ulaşmasında büyük etkisi vardır. Birey, geliştirmek istediği beceri ve niteliklere sahip kişileri örnek almalıdır. Genel bir hedef koymak yerine, daha net hedefler belirlemek gerekir. Örneğin, "Daha fazla spor yapmak istiyorum" yerine "Deniz gibi ben de iş çıkışı spora gideceğim" ya da "Ahmet gibi ben de işe bisikletle gidip geleceğim" denebilir.

▸ Rol model olarak seçilen kişi, bireyin davranışlarını şekillendirir. Seçilen rol model bireyi iyi ya da kötü yönde etkileyecektir. Bu nedenle örnek alınacak kişinin sadece ünlü ya da çok samimi olduğun biri olması değil, bireyin gerçekten geliştirmek istediği özelliklere sahip değerli nitelikleri olan biri olması çok önemlidir.

▸ Rol model olarak seçilen kişi bireyin duygu ve düşüncelerini etkiler. Sadece güzel ya da yakışıklı, medyatik veya zengin olduğu için bir kişi örnek alınmamalıdır. Bu bireyi hem yanlış yönlendirir hem de hayal kırıklığı yaşamasına neden olabilir. Sürekli güzel, zengin veya medyatik kişiler ile yapılan kıyaslamalar bireyin kendisini çirkin, fakir ya da değersiz hissetmesine neden olabilir.

► Sonuç olarak istediğimiz niteliklere, yaşama vb. sahip olabilmek için iyi bir rol model seçimi fazlasıyla yardımcı olabilir. Kendinize iki dakika ayırın ve şu soruyu sorun: "Ben kendime kimi örnek alıyorum?" Emin olun, vereceğiniz cevap ile on yıl sonraki siz arasında müthiş derecede benzerlik bulacaksınız.

Adamın biri güzel bir papağan satın alır. Getirir eve. Papağanı konuşturabilmek için işe koyulur. Özellikle "amca" demesini çok ister. Günlerce uğraşır ama nafile. Papağan tek kelime etmez. Bir gün papağanın bir tüyünü koparır, başlar sinirden bağırmaya: "Amca de bakayım!" Papağandan yine ses çıkmayınca her seferinde "Amca de!" diyerek hayvanın tüylerini tek tek yolar. Tüyleri tamamen yolunmuş zavallı papağanı daha sonra tavuk kümesine atar.

Ertesi sabaha doğru kümesten garip sesler gelmeye başlar. Kümese giden adam ne görsün, papağan bir tavuğun üzerine çıkmış, tavuğun tüylerini tek tek yolarak her seferinde "Amca de bakayım! Amca de bakayım!" diye bağırıyor.

UCLA Üniversitesi profesörlerinden Albert Mehrabian, yüz yüze iletişimde beden dilinin %55, ses ve konuşmanın %38, kelimelerin ise sadece %7 etkili olduğunu belirtiyor. Somut zekâ insanda daha fazla gelişmiştir. Bu nedenle en kalıcı öğrenme görerek öğrenmedir. Davranışların taklit edilmesi de bunlar ile doğru orantılı olur. Dolayısıyla ne söylediğimiz ya da yaptığımızdan ziyade, nasıl söylediğimiz ya da yaptığımız ön plana çıkar. Bu nedenle iyi bir rol model olun, iyi bir rol model bulun.

"Dünyanın en zeki insanı da olsanız, bulunduğunuz ortam vasat ve vasatın altındaki kimselerden ibaret ise, düzeyinizi bile koruma imkânınız yoktur. Hepimiz beraber en çok zaman geçirdiğimiz beş kişinin ortalamasıyız."

– Jim Rohn

Kimlerle vakit geçirdiğinize dikkat edin

Çevresel faktörlerin yaşantımızdaki etkisi yadsınamaz bir gerçek. Siyasetten futbola, komşumuzdan herhangi bir kitaptaki kahramana kadar birçok karakterin özelliklerini özümseyebiliyoruz. Farkına varamasak da, çevremizdeki insanların ilgi alanlarını, alışkanlıklarını benimseyebiliyoruz.

Kerime Nadir romanlarından etkilenerek birçok çocuğa Nalan, Handan isimleri verildiği gibi, 1980'li yılların siyasi ortamı birçok çocuğa Kenan, Ecevit gibi isimlerin konulmasına zemin hazırlamıştı. Futbol meraklısı birçok babanın sayesinde 1980'li yıllarda sayısız Metin, Ali, Feyyaz, Rıdvan adında erkek çocuklarının olması da rastlantı değil. Fanatik Beşiktaşlı bir amcam ve Sergen adında bir kuzenim olması sizce rastlantı olabilir mi?☺ Toplumsal altyapının da etkilerini görmek oldukça kolay diğer bir taraftan. Dikkat ederseniz kız çocuklarına hep Buket, Gül, Açelya, Akasya, Fulya gibi çiçek isimleri verilirken erkek çocuklarına Çınar, İlyas gibi ağaç isimleri konuluyor. Kız adları zarifliği, güzelliği simgelerken erkek adları da gücü, kahramanlığı çağrıştırıyor.

Ankara'da yatılı öğrencilik yıllarımda –evet ne yazık ki Ankara'da, burada İstanbul mu İzmir mi kıyaslaması bile yapmıyorum; Ankara, ne bileyim yani...–☺ senede en fazla 3-4 kez İstanbul'daki evimize giderdim. Gel zaman git zaman, bir ara evdekilerin "Ne oldu senin konuşmana?" dedikleri seviyeye geldiğimi fark etmiştim. "Onur, şu kumandayı getirsene la!"

Görev icabı yine Balıkesir'de uzun yıllar çalıştıktan sonra eşi ve 4-5 yaşlarında bir kızı ile Kıbrıs'a taşınmak durumunda kalan bir arkadaşım anlattı bir görüşmemizde: "Her şey güzel, hoş çok şükür. Yılın sekiz ayı denizdeyiz. Korna yok, trafik yok. Ayrıca bir tatil planına gerek yok..." Yenge nasıl, ufaklık ne âlemde demeye kalmadı: "Bildiğin gibi valla kardeşim. Herkes iyi. Ezgi çalışmıyor, ücretsiz izinde. Bizim kız artık iş dönüşümde beni kapıda karşılayacak yaşa geldi. Bu ara kreşte kaptığı Kıbrıs şivesini değiştirmeye çalışıyorum. İşten döndüğümde bana ilk sorusu şu oluyor: 'Babacım na'pan?' Çok tatlı ama alışık değilim diye garipsiyorum..."

Zelig ismini hatırlar mısınız? Bir Woody Allen filminin ilginç baş kahramanı Bukalemun İnsan Zelig'i ilginç yapan nedir dersiniz? Zelig, yanında olduğu insanın tavır olarak, fiziki olarak aynı özelliklerine bürünüyor. Bir gün siyahi, bir gün göbekli... Seansların birinde Zelig'den başka insanlar gibi olmaya başladığı ilk anı hatırlaması istendiğinde şöyle diyor: "Ben küçükken bir arkadaşım bana *Moby Dick*'i okuyup okumadığımı sormuştu. Ben de okumadığımı söylemeye utandığım için okumuş gibi davranmıştım." Buna benzer birçok durum yaşamışsınızdır eminim. Beğenilmeme ihtimaline karşı, dışlanma korkusuyla ya da kabul görme ihtiyacından "öteki" olmayı yeğlemişizdir.

Bukalemun Zelig demişken, Chartrand ve Bargh, Bukalemun Etkisi (Chameleon Effect) kavramını ortaya atıp konuyla ilgili bir dizi deney yapmışlar. Deneyin sonucunda katılımcıların, karşısındaki kişinin ayak sallamasını müteakip ayaklarını salladıklarını, yüzlerine dokunduklarını, duruşlarını ona göre değiştirdiklerini gözlemlemişler.

Karşımızdaki kişinin davranışlarına göre hareket etmek, doğal bir eğilim olsa da, bunun altında yatan en önemli sebebin sosyalleşme ve uyum sağlayabilme çabası olduğunu düşünüyorum. Beynimiz bunu kabul görmek, rahat etmek için yapıyor. Çünkü insanlar daha çok kendilerine benzeyen kişilerle ilişki kurma eğiliminde oluyorlar. Yazar Jim Rohn, eski arkadaşların arasını açan, sevgilileri birbirinden ayıran, aileleriyle görüşmeyi kesen birçok insanın ortaya çıkmasına neden olan teorisinde oldukça haklı görünüyor:

"En çok vakit geçirdiğin 5 kişinin ortalaması sensin."

Bu sayı 5 mi 55 mi bilmiyorum ama çevremizdeki insanların söylediği ve yaptığı şeyler –biz tam tersini düşünsek bile– bir süre sonra bize normal gelmeye başlar. Bunlar bilinçaltımıza yerleşir. Biz farklı davranmak istesek bile zorlanırız. Çünkü bilinçdışımız ile bilinçaltımız çatışmaya girdiğinde çoğunlukla bilinçaltı galip gelir. Hatta inanır mısınız davranışsal ve düşünsel benzerliğin ötesinde, insanlar ile olan etkileşimimizde bu insanların fiziksel özelliklerine bürünmek eğilimi gösterdiğimizi iddia eden çalışmalar var. Aranızda hiç şöyle düşünen oldu mu: "Ayşe teyzem ile Haluk eniştem giderek birbirlerine benziyorlar."

Gerçekten de çoğu çift birbirlerine kardeş gibi benzerlik gösterebiliyor. Bu durumun da şöyle bilimsel bir açıklaması var: Mikelanj Fenomeni! Adını İtalyan ressam ve heykeltıraş Michelangelo'dan alan fenomen, uzun süre birlikte yaşayan çiftlerin hem fiziksel hem de zihinsel olarak neden birbirlerine benzediklerini açıklıyor.

Michelangelo'ya bir gün, nasıl bu kadar güzel heykeller yaptığı sorulduğunda; güzelliğin aslında taşın içinde var olduğunu ve kendisinin sadece aradaki fazlalıkları çıkardığını söylüyor. Michelangelo'nun bu cevabı Amerikalı psikolog Stephen Michael Drigotas'ın kafasında şimşeklerin çakmasına neden oluyor ve "Michelangelo Fenomeni" ortaya çıkıyor. Buna göre; bir heykeltıraşın heykeli yontarak şekil vermesi gibi uzun süre beraber yaşayan çiftler de zaman içerisinde birbirlerinin biyolojik yapısına şekil veriyorlar.

Çiftlerin sevgi yoluyla karşı taraf üzerinde yarattığı etki, kendisinin karşılıklı bir kopyasını oluşturuyor. Mimik ve jestlerden yüz hatlarındaki çizgilere kadar çiftler adeta birbirlerinin yansıması oluyorlar. Ve aralarındaki paylaşım ve sevgi çoğaldıkça bu benzerlikler bir o kadar artıyor.

Yapılan araştırmalar, yüz çizgileri birbirine benzeyen çiftlerin boşanma riskinin diğer çiftlere göre çok daha az olduğunu gösteriyor. Demek ki ilişkide birbirinize ne kadar çok benzerseniz, sorunsuz ve uzun ömürlü bir evliliğe sahip olma ihtimaliniz de bir o kadar artıyor. Ayna karşısına geçip şöyle bir alıcı gözle bakın isterseniz birbirinize.☺

"Kendini bulmak için
önce kendinden vazgeçmeli insan."

Ulaşman gereken tek gerçek var: Kendin

Gerçek insanı korkutur. Çünkü insan en çok kendisiyle yüzleşmekten çekinir. Bu nedenle kendi inşa ettiği bir mağarada yaşamını sürdürme hevesindedir. Halk inancında mağaralar hazinelerin saklandığı yerlerdir. Mağaralar zamandan uzak, mistik alanlardır. Bilmemek esarettir. Esaret karanlık. Karanlık ise rahattır. Gerçeği aramak, kendini bulmak ise cesaret ister.

İnsanın bu sığınma eylemi çok da yadsınmamalı. Mağara kavramı aslında bütün metaforlarda sığınmak maksatlı kullanılır. Mağaranın mitolojik/felsefi anlamlarının yanında dini tarafı da önem arz eder. Mağaralar bireyin ruhen kendisini tamamladığı, gerçekleştirdiği mekânlar olarak kendisini gösterir.

Elçiler, örneğin, Allah'a sığınmak, gerçeğe ulaşmak ve kendilerini bulmak için birçok kez inzivaya çekilmişlerdir. Hz. Muhammed, bir örümcek ve bir güvercin ile korunacağı bir mağaraya sığınmıştı. Yine Hz. Peygamber'in vahyi alması, ilk sufilerin inzivaya çekilmeleri bu gerçeği yansıtmaktadır. Yine Ashab-ı Kehf, yedi kişi ile köpekleri, yaklaşık olarak 309 yıl uyur bir mağarada. Hz. İsa'nın, Hz. Musa'nın kurtuluş metaforunda çekildikleri yine bir mağara vardır.

Tasavvufta da mağara kullanımı benzer maksatlarla karşımıza çıkar. Yunus Emre'nin bir mağarada iki abdal ile iki gece boyunca yemek ziyafeti çekmesi, üçüncü gün yemek bulma sırası kendisine gelince ne yapacağını şaşırması, duaya sarılması ve önlerinde daha sonra padişahlara layık bir sofra bulması aslında kendini bulma, Allah'a ulaşma metaforudur. Yine sonuç şöyledir: Ne ararsan kendinde ara.

Destansı birçok hikâyede de bu olgulara rastlarız. Köroğlu Destanı'nda mağara, kahramanı büyüten, olgunlaştıran bir mekân olarak vardır. Gelecekte alp olacak çocuk burada keçi tarafından beslenir ve büyütülür.

Felsefi açıdan bakınca, örneğin, Platon'un mağara metaforunda da "gerçeği sorgulayan" esirler vardır. Bunlar kollarından birbirlerine zincirlerle bağlanmış ve sırtları mağara girişine dönük bir şekilde yaşamaktadırlar. Sadece arkalarındaki ışık kaynağının –ışık burada gerçeği, esirler ise toplumu temsil etmektedir– karşılarındaki duvarda oluşturduğu kendi gölgelerini ve anlam veremedikleri cisimlerin gölgelerini görebilmektedirler. Doğduklarından beri bu şekilde yaşadıkları için var olan tek şeyin gölgeler olduğunu sanırlar. Esirlerden biri dışarı çıkmayı başarır zincirini kırarak. Esir hayatında ilk kez gerçekleri görmektedir. Gerçek hayvanları ve çiçekleri... Mağarada duvara yansıyan şeylerin, bu gerçekliklerin kötü birer kopyası olduğunu anlar. Mağaraya döndüğünde, mağaradaki diğer esirleri, duvarlarda gördükleri şeylerin yalnızca birer gölge olduğuna ikna etmeye çalışır. Ama ona kimse inanmaz. Duvardaki gölgelerin var olan gerçek şeyler olduklarını söylerler. Sonunda o esiri bir güzel döverler.

Yaşamı hayaller yani gölgeler üzerine kuranların gerçeğe, özgürlüğe dair en ufak bir fikri olabilir mi sizce? Gölgeni yakalamaya çalışmak gibidir kendini arama, doğruya ulaşma çabası. Ancak güneş çıktığında gölgen ortadan yok olur ve sen gerçekliğinle yüz yüze kalabilirsin. *"Güneşin sana gelmesini istiyorsan, gölgeden çık"* diyor Konfüçyüs. Ben *"Gölgenden kurtulmak istiyorsan güneşi bul"* diyorum. Çünkü gölge insanı yanıltır. O bir illüzyondur. Tek gerçek vardır: Kendi varlığın. Bazen insana gölgesi kendini olduğundan daha büyük gösterir, bazense daha küçük. Hatta güneş yok olmaya görsün, gölgesi bile terk eder insanı. "Terk eder mi yahu?" demeyin. Buzzati, *Yaşlı Ormanın*

Gizemi adlı kitabında gölgesinin bile dayanamayıp onu terk ettiği bir adamın acıklı hikâyesini şöyle anlatıyor:

"Albay, dedi gölge. Çocukluğundan beri seni takip ediyorum, bir gün olsun yanından ayrılmadım, hatta uyurken bile yanı başındaydım. Seninle birlikte çok yollar kat ettim; sen at binerken ben de seninle birlikte bindim. Senin hiç aklına gelmediğim zamanlarda da tüm bağlılığımla sana eşlik ettim. Artık seni bırakmam gerekiyor. Ben Procolo'nun gölgesiyim ve hep öyle kalmak istiyorum. Ben hiç değişmedim; ama sen çok değiştin. Artık birlikte devam edemeyiz, çünkü birbirimizden çok farklıyız. İnan bana, buna ben de çok üzülüyorum, elli altı yıl boyunca birlikteydik; buna bir ömür demek daha doğru. Unutmak kolay değil, ama artık bitti."

Kendi varlığınızın farkına varın. Gölgeniz siz terk etmeden siz onu kabullenin.

Emeklemekte olan ufak bir çocuk güneşin altında oynarken kendisiyle birlikte hareket eden bir karaltı görür. Bu onun gölgesidir. Çocuk çok şaşkındır çünkü ilk kez fark etmiştir gölgenin varlığını. İlk başta oyuna çevirir bu durumu. Gölgesinin başını yakalamaya çalışır. Ama her hareketinde gölge de hareket etmekte ve aradaki mesafe hiç kapanmamaktadır. Nihayetinde çocuk yorgun düşer ve sinirden ağlamaya başlar. O sırada çocuğu izlemekte olan büyük kardeşi yanaşır ve çocuğun elini tutup çocuğun başının üstüne koyar. Çocuk en sonunda gölgesini yakalamıştır. Yüzünde bir gülümsemeyle emeklemeye devam eder.

Hayat da bir gölge misali akıp gider. İsteklerimiz, ideallerimiz, hepsi birer gölgedir. Ve sen ulaşamadığın her istek için kendini suçluyorsun. Hiçbir sorun yok aslında. Varlığın olduğu gibi duruyor, en mükemmel haliyle. Kendini ideallerinle kıyasladığın için asla bu mükemmelliğini fark edemiyorsun. Ne zaman kendi varlığının farkına varır ve elini varlığının üzerine koyarsan o zaman emekleyen çocuk gibi hayatı yakalamış olur ve tebessüm etmeye başlarsın. Sen olduğun sürece gölgen de seninle var olacak. İyi haber şu ki gölge bir illüzyondur. O sadece bir yokluktur. O senin bir parçan ve bir parça hiçbir zaman bütünden daha yönetici olamaz. Varlığını kabul et sadece. Zihnin ona karşı seni iki şeye zorlayacak: Gölgenden kaçmak ya da ona savaş açmak. Sorun şu ki bu bir çıkmazdır. Savaşırsan kaybeden yine sen olacaksın, kaçarsan da nereye gidersen git gölgen seninle gelecek. Kaçmayı ya da savaşmayı değil derinlerde kendine rastlamayı denemelisin. İçinde sonsuz bir derinlik var. Ne kadar derine inersen kendinden başka kimseye rastlamayacaksın.

Özellikle Lübnan taraflarında "Rabb'in Erz Ağaçları" anlamına gelen *Arz Ar-Rab* olarak bilinen ağaçlar yetişir. Bir çeşit sedir ağacı diyebilirsiniz. Yükseklikleri 35-40 metreye, çevreleri ise 10-12 metreye kadar ulaşabilen bu ağaçların toprağın derinlere inen güçlü kökleri vardır. Birçok ormancı onları "bitki dünyasının baş tacı" olarak nitelendirir. Ticaret maksatlı sık sık Uzakdoğu ziyaretleri gerçekleştiren işadamı bir arkadaşım Lübnan'da yüceltilen bu ağaçların yarım metre kadar olanlarını gördüğünü anlatmıştı. Lübnan'daki 40 metreye kadar ulaşabilen sedir ile Japonya'daki sedir arasındaki fark neydi peki? Arkadaşım merak edip soruşturunca şunu öğrenmiş: Japonlar ağaçların dallarına ve yapraklarına hiç dokunmazken, uzamalarını engellemek için köklerini kesiyorlarmış. Çünkü ağacın kökü derinlere uzamadıkça ağaç da yukarı doğru uzamazmış.

Yaşam da böyledir sevgili dostlarım. Ruhunu yüceltmek, yükseklerde tutmak ve huzuru bulmak için kişinin kendi ruhunun derinliklerine inmekten başka çaresi yoktur. Gölgemizin peşinde koştukça, giderek daha da küçülüyoruz. Kendimize giden kökler giderek kısalıyor. Ruhunuza giden kökleri bulun, ona zarar vermeden besleyin ve yükselişinize şahit olun.

En İyisi

"Dağ tepesinde bir çam olamazsan
vadide bir çalı ol.
Fakat oradaki en iyi küçük çalı sen olmalısın.
Çalı olamazsan bir ot parçası ol, bir yola neşe ver.
Bir misk çiçeği olmazsan bir saz ol.
Fakat gölün içindeki en canlı saz sen olmalısın.
Hepimiz kaptan olamayız, tayfa olmaya mecburuz.
Dünyada hepimiz için bir şey var.
Yapılacak büyük işler, küçük işler var.
Yapacağınız iş size en yakın olan iştir.
Cadde olamazsan patika ol.
Güneş olamazsan yıldız ol.
Kazanmak yahut kaybetmek ölçü ile değildir.
Sen her neysen onun en iyisi olmalısın."

– Douglas Malloch

"İnsan öncelikle ve ivedilikle kendinden özür dilemeli.
Belki sonra başkalarından diler,
ama önce kendinden başlamalı, önce kendinden..."

Kendinize bir özür borçlusunuz

Özür dilemek "Hatalıydım!" ya da "Beni affet!" demekten fazlasıdır. Yitirilen saygıyı, sevgiyi yerine koymaktır. Bu nedenle karşımızdaki insanlardan özür dilemeden önce kendimizden özür dilemeliyiz. Özsaygımızı kazanmak için, öz-sevgimize layık olmak için. Çünkü insan öncelikle kendini sarıp sarmalamalı, kendine duyduğu öfkeyi ortadan kaldırmalı.

İşte tam bu nedenle:

İncir çekirdeğini doldurmayacak konuları gözümde büyüttüğüm için, kimse kırılmasın derken kendimi paramparça ettiğim ve hak etmeyen insanlara gereğinden fazla değer verdiğim için...

Herkesi sevip, sayıp, güvenip bir kendi kıymetini bilemediğim ve her isteği üzerime vazifeymiş gibi görüp kimseye hayır diyemediğim için...

İnsanın tek başına altından kalkamayacağı yükleri yüklenmeye çalıştığım ve herkesi kendim gibi gördüğüm, herkese, her şeye yetişmeye çalışırken kendime geç kaldığım ve Kafka'nın dediği gibi: "Beni üzecek gücü sana verdiğim için kendimden özür dilerim."

"Özür dilemek, sizin haksız olduğunuz,
karşı tarafın da haklı olduğu manasına gelmez.
Karşınızdaki insana verdiğiniz değerin
egonuzdan yüksek olduğunu gösterir."

– Sigmund Freud

Özür dilemenin dayanılmaz ağırlığı

Kendimi hafta içi boyunca "Bu sefer tüm hafta sonu evde pinekleyeceğim!" diyerek motive ettikten sonra, bir pazar günü, daha önce birkaç kez izlemiş olduğum, 2005 yapımlı *Pardon* filmini izlemeye karar vermiştim. İzlemeyenler için kısaca konu şöyle:

İşlemedikleri bir suçtan dolayı üç arkadaş 6 yıl kadar hapis yatıyorlar. Hapishane müdürü, Zeki Alasya, bir gün kendilerine gerçek faillerin yakalandığını ve artık serbest olduklarını söylüyor.

İbrahim, masum oldukları halde bunca zaman hapis hayatı yaşamalarının bir karşılığı olup olmadığı sorusuna makul bir cevap alamıyor ve şöyle bir cümle kuruyor: "Adalet dediğimiz o kadar da adil bir şey değil demek ki!" Zeki Alasya'dan aldığı cevap da çok manidardır: "Maalesef... Pardon!" Ve bir ömrün karşılığı "pardon" oluyor.

Böyle pardon düşman başına. Film komedi türü gibi dursa da sonu hüzünlü ve biraz da sinir bozucu. Bu şekilde özür mü olur yahu! Empati yapınca cidden insan geriliyor. Özür dediğin saat 12.00'deki buluşmaya trafikten dolayı 12.15'te gittiğinde dilenir. İnsanın hayatını karartacak, koca bir ömre mal olacak yanlış bir hapis cezası hükmü verince değil. Özür dediğin, ne bileyim, metrobüste yanlışlıkla birinin ayağına basınca dilenir; akşam işten eve sinirli gelip eşini, çocuğunu dövünce değil. Özür dediğin birisinin lafını istemsiz böldüğünde dilenir; içkiliyken direksiyonun başına geçip kazada birinin hayatına mal olduktan sonra değil...

Hepimiz bir şekilde hata yapıyoruz, birilerini kırabiliyoruz. Peki, yapılan hataları kabul etme, onları telafi etme yönündeki davranışlarımızda neden bu kadar eksiğiz? Araştırmaların çoğu özgüveni düşük insanların özür dileyemediğini ortaya koyuyor.

Örneğin, Grant MacEwan Üniversitesi'nde yapılan bir araştırma; şefkatli, yumuşak başlı ve duygusal yönden daha hassas kişilerin çok daha rahat özür dileyebildikleri sonucuna varmıştır. Sahip olunan özgüvenin, "Kendimi enayi yerine koyacağım", "Özür dilersem karşıdaki kendini bir şey sanacak" gibi düşüncelere kapılmadan, kişinin bu davranışa farklı anlamlar yüklemesinin önüne geçtiğini de belirliyorlar. Özsaygısı, özgüveni düşük olan bireylerin, her şeyi yoluna sokma isteğinde olsalar dahi, kendilerini kötü hissettikleri için daha az özür dileme eğiliminde oldukları kaydediliyor. Ancak aşırı özgüvenin kişiyi benmerkezci olmaya ve kibre sürükleyeceği, bu kişilerin de yine özür dileme konusunda özgüveni düşük kişiler kadar isteksiz olabildikleri ortaya konuyor.

Özür dilemekten kaçıyoruz. Çünkü:

- Özrümüzün kabul görmeme ihtimalinden korkuyoruz.

- Karşımızdakinin gözünde küçük düşeceğimizi, bize duyduğu saygıyı yitireceğini düşünüyoruz.

- "Ben hayatta hata yapmam!" düşüncesi hâkimdir çoğumuzda. Hatalıysak bile, hatanın büyük bir bölümü mutlaka karşı tarafındır sanıyoruz.

- Hiçbirimiz kaybetmeyi sevmiyoruz. Kendimizin çaresiz, suçlu, hatalı olduğunu hissetmemeyi şiddetle arzuluyoruz.

- En önemlisi, nasıl özür dileyeceğimizi bilmiyoruz.

Özür dilemek sandığınızdan daha hayati, biliyor musunuz? *The Power of Apology* (Özür Dilemenin Gücü) kitabının yazarı Beverly Engel, *"Özür dileyin, hatta gerekirse usanmayın, iki üç kez dileyin. Özür dilemek, hasarı onarır, ilişkiye iyi gelir, yaraları sarar, kırık kalpleri tamir eder"* diyor.

İlişki boyutunda kişiyi kaybetmeye kadar gidecek bir sürecin habercisi bu davranış sadece ilişkide değil, kendimizde de ne kadar hasar yaratıyor dersiniz? Uyku kalitemizden nefes alıp verişimize, depresyon durumundan bağışıklık sisteminin güçlenmesine kadar birçok konuda etkiye sahip.

Bana kalırsa özür dilemenin en önemli şartı içinde samimiyet barındırmasıdır. Samimi bir duygu ile bunu yapan kişi için eminim ki birini kırmak çoğu kere kırılmış olmaktan daha fazla üzüntüye neden olur. Bu samimiyeti yakalayabilmek için kırılmış tarafın genellikle 3 duygusal safhadan geçtiğini anlamak gerek:

1. ***Üzüntü, acı:*** Zarar görebileceğinin farkına varmıştır, hayal kırıklığı vardır.

2. ***Nefret, kızgınlık:*** Güvenini sarsan, emniyet duvarını yıkan kişiye kızgınlık hatta nefret hissedilir.

3. ***Tereddüt:*** Kişi tekrar kendini güvende hissedene kadar ilişki kurmaktan çekinir.

Samimiyeti hissettirmek şu açıdan da önemli: Bu iki kelime kullanım şeklinize göre çok farklı yerlere götürebiliyor aradaki gerginliği çünkü. Neden mi? Farklı ses tonu, farklı bir beden dili ya da farklı bir zamanlama kullanılarak beyan edilen bir özür sadece pişmanlık içermeyebiliyor:

Özür dilerim:

Gerçekten üzgünüm. Affet. Hata bendeydi.

Özür dilerim:

Oldu bir kere, idare et!

Özür dilerim:

Seninle hayatta tartışamam. Hiç çekemem şimdi seni.

Özür dilerim:

Suçlu sen olsan da büyüklük bende kalsın.

Bu duygusal fırtınanın farkına varınca dolayısıyla kuru kuruya beyan edilen bir özrün pek de işe yaramayacağı aşikâr. Çünkü üzüntü, nefret çok şiddetliyse samimiyetsiz sarf edilen sözler sağır kulaklara söylenmiş olur. Bu nedenle Elbert Hubbard "Özür dilemeyin, telafi edin!" der. Yalnızca telafi edici bir girişim bu kötü anılar barındıran hatırayı değiştirebilir ve kırılan tarafın kalkanını indirip özrü kabul etmesini sağlar.

Başarılı bir özür için birkaç tüyoya ne dersiniz?

- En önemli ölçüt zamanlamadır. Yapılan en sık hata, olay çok sıcakken harekete geçmektir. Kırdığınız kişiye ve hatanıza odaklanmadan affedilmeyi beklemeyin.
- Samimi olun. "Seni kırdaysam özür dilerim" demek yapılan en kritik hatalardan. Cümleye kırdığınızı kabul ederek başlayın.
- Ego yarışına girmeyin. Pişman olduğunuzu hissettirin. "Ama" kelimesi cümlelerinizden birinin arasına karıştıysa eyvahlar olsun. Bahanelerin arkasına saklanmayın.
- Sorumluluğu üstlenin. Hatanızı telafi etme sorumluluğunu alacağınızı, karşı tarafı neyin incittiğini anladığınızı vurgulayın.

- Neyin yanlış gittiğini uzun uzun açıklamak yerine (bu kişiyi daha da kışkırtır) harekete geçin. Henry Ford'un şu sözünü aklınızdan çıkarmayın: "*Çoğu insan problemlerin çevresinden dolaşmaya, onları çözmeye çalışmaktan daha çok zaman ve enerji harcıyor.*"

- Davranışlarınızı değiştirme sözü verin. Özür dilemenizi gerektiren o davranışı bir daha tekrarlamayın! Bakın, Alfred Adler ne diyor: "*Hata bir daha yapılmayacaksa özür dilenir. Sık sık tekrarlanan özür hakaretle eşdeğerdir.*" Kısacası, bir hobi olarak özür dilemeyin.

Konuşmacı-yazar Sam Horn bu maddeleri şu şekilde özetliyor aslında: KÖH trenine binin! Nasıl mı?

Farz edelim ki garson olarak çalıştığınız restoranda, bir müşterinin tabağından kıl çıkıyor. Müşteri sinirli bir şekilde sizi suçlamaya başlıyor yanına çağırıp. Hemen KÖH trenine atlayın:

Kabul et: "Haklısınız efendim. Böyle bir hatanın olmaması gerekirdi."

Özür dile:"Böyle bir durumu yaşamak zorunda kaldığınız için özür dilerim. Sanırım gözümüzden kaçmış."

Harekete geç: "İzin verirseniz hemen yeni bir tabak hazırlatayım ya da farklı bir mönü seçmek ister misiniz? Göstereceğiniz anlayış için teşekkür ederim."

Özellikle çevremizde bir zayıflık göstergesi olarak düşünülse de siz samimi ve içten bir şekilde özür dilemekten çekinmeyin, olur mu? Pearl Buck'un dediği gibi: "*Bütün büyük hatalarda ortada bir yerde, hatayı geri almanın ve belki de gidermenin mümkün olduğu birkaç saliselik minicik bir an hep vardır.*"

O anı yakalayın!

Mağara-Yarasa Testi

Labirenti hatırlatan onlarca koridoru olan büyük bir mağaranın içerisinde kayboldunuz. Ortam fazlasıyla ürkütücü ve zifiri karanlık. Çıkış yolunu bulmaya çalışırken bir yarasa uçarak yanınıza geliyor. Kulağınıza bir şey fısıldıyor.

Yarasa size ne söylemiş olabilir?

a. Çıkışın nerede olduğunu biliyorum.
b. Yolu göstereyim sana.
c. Aramaya devam et.
d. Buradan asla çıkamayacaksın.

(Cevaplar kitabın sonunda.)

"Her engel bir fırsattır. Kalp kırıklığı, mutlu olmak için; hastalık, iyileşmek için; nefret, sevmek için; suç, bağışlamak için; başarısızlık, başarılı olmak için bir fırsattır."

– Anthony Robbins

Affetmenin dayanılmaz hafifliği

Şimdi size bir yaşam çiziyorum. Bahsedeceğim hayatı kendinizin yaşadığını düşünerek okuyun lütfen.

Alkolik bir annenin evlilik dışı ilişkisinden yaptığı bir çocuk olarak dünyaya merhaba diyorsunuz. Anneniz size bakamadığı gerekçesiyle bir yurda veriyor. Bir süre yurt hayatı sürdükten sonra evli bir çift sizi evlatlık ediniyor. Şans burada da yüzünüze gülmüyor, çünkü İtalyan asıllı bu çift tam bir psikopat çıkıyor. Evin bodrum katına hapsedilip, sürekli olarak işkence görüyorsunuz. Sadist çift aslında maddi durumları çok iyi olan ve çevreleri tarafından saygı duyulan insanlar oldukları için durumdan kimse şüphelenmiyor ve uzun yıllar bu işkenceye maruz kalıyorsunuz.

On yedi yaşına geldiğinizde depresyon kaynaklı felç geçiriyorsunuz. Doktorlar şizofren teşhisi koyuyor ve akıl hastanesine yerleştiriyorlar sizi. Bir 17 yıl da hastanede geçiriyorsunuz. Çaresizlik içinde kıvrandığınız, sürekli intiharı düşündüğünüz, umutsuz yıllar...

Otuz dört yaşına geldiğinizde doktorlar durumunuzu yeniden değerlendiriyorlar ve aslında bir şizofren olmadığınıza, ağır depresyon ve panik atak yaşadığınıza karar veriyorlar. Bir süre sonra da hastaneden çıkıyorsunuz.

Hikâyeniz de asıl burada başlıyor, hazırlanın. Terk edilme, işkence, taciz ve birçok olumsuzluk ile geçen 34 yılın ardından, hastaneden çıkınca yapacağınız ilk iş ne olurdu? Size tüm bunları yaşatan yaşamdan, kişilerden intikam alır mıydınız?

Bu yaşanmış hikâyenin kahramanı Marie adında bir kadın. Marie, yetkililer "Akli dengesi yerinde değil, okuması imkânsız" dedikleri halde ilk iş olarak Salem State Üniversitesi'nde Psikiyatri bölümüne girer ve başarıyla mezun olur. Bu arada kansere yakalanır, kendisi gibi akıl hastanesinden çıkmış olan Joe ile evlenir. Ardından mücadeleyi bırakmaz ve kanseri de atlatır. Eşi ile sadece 6 yıl evli kalabilir, çünkü Joe hayatını kaybeder. İnanın yazarken içim şişti. Hal böyle olunca Marie işine dört elle sarılır, uzun yıllar doktor olarak çalıştıktan sonra Harvard Üniversitesi'nde mastır yapar. Oldukça başarılı bir iş hayatı sürer, konferanslar verir, birçok ödüle layık görülür. Hatta hayatı film olur: *Nobody's Child.*

Yaş olur 58. Tam on yedi yılını verdiği Massachusetts Danver Devlet Hastanesi'ne yönetici olur. Verdiği bir basın toplantısında şunları söyler:

"Eğer affetmeyi öğrenmeseydim,
bir adım bile öteye gidemez, gelişemezdim.
Ziyan edilmiş bir yaşamım olurdu.
Ve bugün bu hastaneye yönetici olarak dönemezdim."

Marie Rose Balter'in durumu haberlerde şu cümlelerle yer bulur: "En uzun yolculuk, beynimizden yüreğimize yaptığımız yolculuk. Affetmek bu yolculuğun en kestirme yolu. Affetmeyi gerektiren her yara, içinde önemli bir dersi barındırır. Dersi görebilmek için yarayı yeniden deşerek yüzleşmek zorunda kalsak bile..."

Affetmeyi, çoğu kez, bize zarar vermiş birine verilmiş bir ödül gibi ya da hak etmediği bir makam sunma gibi görürüz. Halbuki affetmek, aksine, o kişiye verdiğiniz makamı, değeri ondan geri almaktır. Bir seminer sonrası katılımcılardan birisi annesinin onları terk ettiğini, babası ve küçük kardeşine bakmak zorunda olduğunu söyledi. Sonra bana, "Şimdi ben bunu nasıl unutabilirim ki?" dedi.

Kendisine şunu salık vermiştim: "Unutmaya çalışma, affetmeye çalış."

"Bu nasıl olacak hocam? Unutmakla affetmek arasında ne gibi bir bağ var?"

"Eğer anneni affedersen her şeyi unutursun. Ama sana yaptığı tüm haksızlıkları unutmaya çalışırsan asla affedemezsin. Her şeyi unutmak imkânsız. Ve unutmaya çalışmak aslında biraz da anımsamaya başlamaktır."

Yine bir arkadaş şunu sormuştu: "E hocam, bize kötülük yapanlara kötülük yapmak caiz değil mi? Neden affetme yoluna gidelim ki intikam almak yolu açıkken?"

"İnsanın ayarı yok ki ama dostum..." demiştim. "Tam olarak sana yapılan kadarı ile karşılık vermeye müsaade ediliyor ama bunun ölçüsünü tutturabilir misin? Adaletle davranmanın ayarını kaçırınca zulmedenlerden oluruz. Sence bu riske girmeye değer mi? "Bak Fussilet 34 ne emrediyor: İyilikle kötülük bir olmaz. Kötülüğü en güzel bir şekilde sav. Bir de bakarsın ki seninle arasında düşmanlık bulunan kimse sanki sıcak bir dost oluvermiştir."

Dilimizden düşmeyen bir cümledir bu: "Tövbe hâşâ, ben kimim ki affedeyim? Allah'tan başka affeden yoktur."

Elbette ki öncelikle hepimizi Allah affetsin. El Gaffar sıfatı ile çok affeden, çok bağışlayan olduğunu bize müjdelemiştir zaten. Ama kul hakkı diye de bir şey var. Hepimiz hata yapıyoruz, kalp kırıyoruz, günah işliyoruz. İşte affedici sıfatıyla Allah, kullarını affetmenin bir yolunun da, kullarının da affedici birer insan olmalarından geçtiğini birçok ayette bize bildiriyor. Öfke ve kin duymak yerine sakinliği, kalp kırmaktansa yapıcı olabilmeyi emrediyor. Bunların yerine affedici olmayı seçin diyor. Umut dolu birkaç ayetle örnek vereyim:

"O takva sahipleri ki
bollukta da darlıkta da Allah için harcarlar;
öfkelerini yutarlar ve insanları affederler.
Allah da güzel davranışta bulunanları sever."

– Âli İmran, 134

"Bir kötülüğün karşılığı,
onun gibi bir kötülüktür (ona denk bir cezadır).
Ama kim affeder ve arayı düzeltirse,
onun mükâfatı Allah'a aittir. Şüphesiz O, zalimleri sevmez."

– Şûra Suresi, 40

Öğretmen dersin bitimine doğru öğrencilerinden şunu ister: "Yarın herkes gelirken yanında birer plastik torba ve beşer kilo patates getirsin!" İstek bu olunca pek inandırıcı gelmeyecek size, biliyorum. Hikâye değil de bir efsane gibi okuyun kalanını. "Yoksa patatesin kilosu olmuş neredeyse 10 lira, poşet zaten parayla. Kim bulmuş da biz getirelim?" dediğinizi duyuyor gibiyim.☺

Neyse. Ertesi sabah tüm öğrenciler masasının üstünde patates ve torbaları hazır etmişler. Öğretmen demiş ki: "Çocuklar, bugüne kadar affedemediğiniz kimler varsa, her biri için bir patates alın, o kişinin adını o patatesin üzerine yazın ve torbanın içine koyun!"

Bazı çocuklar iç geçirmiştir muhtemelen, "Ah ulan be, patates kadar değeri olmayan insanlar için heba olacak şu kadar patates" diye.☺ Bazıları torbasına üç beş patates koyarken bazıları ağzına kadar doldurmuş neredeyse torbayı. Öğretmen, "Bir hafta boyunca nereye giderseniz gidin, bu torbaları yanınızdan ayırmayacaksınız. Okulda, misafirlikte, otobüste hatta yatarken bile. Hep yanınızda olacaklar" demiş.

Birkaç gün sonra bazı öğrenciler şikâyet etmeye başlamışlar: "Hocam, patatesler çürümeye, kokmaya başladı. Zaten torba çok ağır, her yere taşımak çok zor. İnsanlar garip garip bakıyorlar, hem sıkıldık hem yorulduk..."

Öğretmen, beklediği tepkileri almanın memnuniyetiyle cevap vermiş: "Bakın çocuklar, birilerini affetmeyerek aslında kendimizi cezalandırıyoruz. Kendimizi ruhumuzda ağır yükler taşımaya mahkûm ediyoruz. Affetmeyi karşımızdakine yapılan bir iyilik olarak görüyoruz ama affetmek en başta kendimize yaptığımız bir iyiliktir.

Kendinize gereken değeri vermek için "affedin"

"Bunu affedersem kendime saygım kalmaz" sınırı vardır her insanın. Durum aslında tam tersidir. Affetmek kendinize verdiğiniz değeri gösterir. İçinizde onca üzüntüyü, kırgınlığı, belki kini ya da pişmanlığı taşıyan sizden başkası değil. Affederek koca bir yükten kurtarabilirsiniz kendinizi. Miguel Ruiz öyle haklı ki:

"Bize yanlış davrandığını düşündüğümüz bir kişiyi affetmeliyiz.
Bunu hak ettikleri için değil,
bu haksızlıklara karşılık vermeye devam etmeyecek kadar
kendimizi sevdiğimiz için."

Sağlığınızı korumak için "affedin"

Yaşam Dersleri adlı kitaplarında Elisabeth Kübler Ross ve David Kessler güzel bir konuya değiniyorlar:

"Bütün bir hayat yaşayabilmemiz için bağışlamamız gerekir.
Bağışlama acılarımızı ve yaralarımızı iyileştirmenin yoludur.
Hepimiz incinmişizdir. Doğruyu söylemek gerekirse
büyük bir olasılıkla başkalarını da incitmişizdir.
Sorun bu incinmenin yaşanması değildir, bizim
bunu bağışlayamamamız ya da bunu unutamayacak olmamızdır.
İncinmeye devam eden şey bu acıdır."

Journal of Health Psychology'nin yayımladığı bir araştırmaya göre bizi üzen insanları affetmek yaşadığımız duygusal ve fiziksel stresi azaltıyor. Affetmeyi beceremeyen insanların ruh sağlığının yanı sıra fiziksel sağlıklarının da kötü olduğu belirtiliyor.

Geçmişi değiştiremeyeceğiniz için "affedin"

Affetmek de belki geçmiş hataları düzeltemez ama şimdinin ve geleceğin önünü açar. Hayatınızda ilerleyebilmek için yapılacak tek şey affetmektir. İgor Stravinski'ye kulak verin:

"Günahlar düzeltilemez, yalnızca affedilebilir."

Zincirlerinizden kurtulmak için "affedin"

Affetmek özgürlüktür. Düşünsenize, sizden boynundan iple bağlanmış azgın bir boğayı tutmanız, zapt etmeniz isteniyor ve ipin diğer ucu size emanet ediliyor. Sımsıkı tutmak zorundasınız. Bir yere bağlayamıyorsunuz da ipi. Yemekte, uyku anında, her yerde o var... İpin ucunu bırakamıyorsunuz. İmkânı var mı sizce? Ne kadar da zor. Aslında hem boğa hem de siz iple bağlı bir yaşam sürmüş oluyorsunuz. Affetmeyi ertelemek de böyle. Zihnimiz sürekli o kişi ile meşgul olur. Affetmek serbest bırakmaktır. Özgürleştirmek ve özgür olmaktır. İpin ucunu bıraktığınızda iki taraf için de esaret biter. Serbest bıraktığımız sadece o boğa değil, aynı zamanda kendimiz de oluruz.

Affedilebilmek için "affedin"

Hiçbirimiz mükemmel değiliz. İlahi bir düzen var ve şuna inanıyorum ki kişi yaşattığını yaşamadan bu hayata veda edemeyecek. Bizim de affedilmemiz gereken birçok durum yaşayacağız hayat boyu. Başkasını affedemiyorsak, kendimizin de affedilmesini bekleyemeyiz bu nedenle. Papa John Paul II şöyle destekliyor beni bu hususta:

"Kendimizin de affedilmeye
ihtiyacımız olduğunu hatırlayarak daima affetmeliyiz.
Affetmemiz gerekenden çok daha fazla kez
affedilmemiz gerekir çünkü."

Zamanın ne getireceğini bilemeyeceğiniz için "affedin"

Mevlana ile durumu özetleyelim:

"Allah der ki, kimi benden çok seversen onu senden alırım.
Ve ekler, onsuz yaşayamam deme, seni onsuz da yaşatırım.
Ve mevsim geçer gölge veren ağaçların dalları kurur, sabır taşar,
canından saydığın yâr bile bir gün el olur.
Aklın şaşar, dostun düşmana dönüşür.

Düşman kalkar dost olur. Öyle garip bir dünya.
Olmaz dediğin ne varsa hepsi olur. Düşmem dersin düşersin.
Şaşmam dersin şaşarsın.
En garibi de budur ya; öldüm der durur yine yaşarsın."

"Peki, o kadar cümle sarf ettin hocam tamam da, nasıl affedeceğiz?" diyorsunuz, duyuyorum. Sindire sindire affedeceğiz sevgili dostlarım. Adım adım. Her zaman yardımıma koşan bir çalışma önereceğim size. Bu basit ama etkili çalışma duygunuzu pekiştirmekte inanın size çok yardımcı olacaktır. Lütfen bir çalışma kâğıdı alın ve aşağıdaki adımları birer birer uygulayalım.

1. Kimi?

Kimi, affetmek istediğinizi düşünün ve aşağıdaki gibi sıralayın: *Babamı* affetmek istiyorum.

2. Neyi?

Yukarıda belirlediğiniz kişinin hangi davranışını affetmek istediğinizi yazın.

Babamın, benimle yeterince ilgilenmeyişini affetmek istiyorum.

3. Neden?

Yukarıda belirlediğiniz kişiyi affetmenin size sağlayacağı yararları yazın.

Babamın, benimle yeterince ilgilenmeyişini affetmek istiyorum. *Çünkü daha huzurlu hissedeceğim ve hayatıma daha iyi devam edebileceğim.*

4. Söz verin

Affetme niyetinizi uygulamaya geçirmek için kendinize söz verin. Böylece hayatınızı daha yüksek bir perspektiften yaşayacağınızı kabul etmiş olun.

Babamı affedeceğim konusunda kendime söz veriyorum ve affın getirdiği huzuru ve özgürlüğü kabul ediyorum.

5. Af Beyanı'nızı oluşturun

Yukarıda oluşturduğunuz cümleleri birleştirerek Af Beyanı'nızı oluşturun.

Babamın, benimle yeterince ilgilenmeyişini affetmek istiyorum. *Çünkü daha huzurlu hissedeceğim ve hayatıma daha iyi devam edebileceğim.* Babamı affedeceğim konusunda kendime söz veriyorum ve affın getirdiği huzuru ve özgürlüğü kabul ediyorum.

Adımları hangi sıklıklarda ve günün hangi vakitleri çalışacağınızı belirleyin ve her seansta en az üç kez uygulayın. Adımları yazarak çalışın ve sonunda yüksek sesle veya içinizden okuyun. Adımları tekrarladıkça fikirlerinizin değiştiğini fark edeceksiniz.

"Kime ne kadar kırıldıysam,
kime ne kadar sinirlendiysem
aslında en çok kendime zarar verdiğimi fark ettim.
Herkes kendi keyfinde, hayatlarına devam ederken
sırtımda koca bir kambur
ve göğsümde koca bir alev topu ile
hayata ayak uydurmaya çalışmak
en çok kendime haksızlıkmış.
Affedememek,
kanserin son evresi gibi, öyle ağır, öyle yorucu."

"İpe sapa gelmez hayaller kuracağım.
Ama bunlar olmazmış, varsın olmasın.
Ama el âlem...
Ne derse desin."

– Turgut Uyar

El âlem ne der?

Çocukluğum mütevazı bir evde geçti. Her ne kadar yeni neslin eğilimi daha ufak evler, daha portatif eşyalar olsa da, eskiden misafir odası denen bir mabet vardı. Kapısı genelde kapalı dururdu. İçeride havalı bir avize, hiç oturulmamış koltuklar, el değmemiş porselenler bulunur, odanın yarısı elişi örgülerle bezeli olurdu. Kapısı sadece misafire açılırdı. Hele o vitrinlerdeki kristaller, yemek takımları, çeyizlikler... Rahmetli babaannemin 12 kişilik yemek takımından bir tane çorba kâsesi kırdığını hatırlarım. Kadıncağız yerle bir olmuştu.

"Babaanneciğim ne olacak sanki? Kâse de 12 değil, 11 olsun."

"Yavrum şimdi herkese aynı tabaktan verip, birine başka versek ayıp olur. Ne derler sonra?"

"Canım benim, farz et ki 12 misafir değil, 13 geldi. O zaman ne yapacaksın?"

"Neyse, neyse... Ben kendime farklı kâseden koyarım olmazsa."

Şimdiki gibi çok tercih edilen bir yol olmasa da, ara sıra eve temizlikçi de çağırırdık. Ve temizlikçi gelecek diye iki gün boyunca evde temizlik yapılırdı. "Temizlikçi ne dermiş sonra!" Şaka gibi gerçekten. Bunları o yaşlarda anlamakta güçlük çekiyordum. Şimdi ise hiç anlam veremiyorum.

Hanginiz annenizin şu tarz cümlelerine maruz kalmadı ki: "Yavrucuğum evin hep derli toplu olsun. Allah korusun, başımıza bir iş gelse, ölüp kalsak, konu komşu eve geldiğinde evi temiz görsünler."

Biliyor musunuz, "Millet ne der?" diye yaşamayı, başkalarının düşünce ve isteklerine göre hayatımı şekillendirmeyi bırakalı çok oldu. Ruhum da, kafam da öyle rahat ki. "El âlem" diye bir eşik var. Bu eşiği açtıktan sonra hayat cidden ayrı bir keyifli hal alıyor. Aksi halde, bir de bakıyorsunuz ki insanlar ne der diyerek kendin olmaktan vazgeçmişsin. Hayatımız gözümüzün önünden film şeridi gibi geçmiş ama içinde biz yokuz. *Çiçek Açmış Genç Kızların Gölgesinde* adlı kitabında şöyle diyor Marcel Proust:

"Başkalarının ne düşündüğünden bana ne?
Duygulara ilişkin konularda
başkalarıyla ilgilenmek bence çok abes.
İnsan kendisi için hisseder, el âlem için değil..."

Nasrettin Hoca bir gün oğlunu eşeğe bindirmiş, kendisi de eşeğin yularından tutmuş köyden şehre gidiyorlar. Bunları yolda gören iki kişi kıs kıs gülmüşler: "Şu çocuğa da bak. Gencecik haliyle binmiş eşeğe, yaşlı adamı yürütüyor. Olacak iş değil!"

Bunun üzerine Nasrettin Hoca oğlunu eşekten indirip kendisi binmiş. Biraz sonra bir adam daha denk gelmiş yol kenarında: "Yazıklar olsun hoca!" demiş. "Kazık kadar adamsın, ufacık oğlanı yürütmeye utanmıyor musun? Sakalından utan!"

Hoca, kendisi de inmiş eşekten, yürümeye devam etmişler. Köylünün biri rast gelmiş bu sefer de: "Eşeği gezdirmeye mi çıkardınız yahu? İki kişi onca yolu yürüyorsunuz da eşek boşta geziyor, ne biçim iş!"

Böyle olunca Nasrettin Hoca oğluyla beraber eşeğe binmiş. Tam köy kahvesinin yanından geçerlerken şu sesler çalınmış hocanın kulağına: "Siz nasıl insanlarsınız! Şu çelimsiz eşeğe iki kişi binilir mi, zalimlik değil de nedir bu?"

Nasrettin Hoca, bunun üzerine bir la havle çekip oğluna seslenmiş: "Bak evlat, gördün mü? İnsanların ağzı torba değil ki büzesin. Herkes istediğini söyler. Biz en iyisi bildiğimiz gibi yapalım."

Bazen kulaklarımızı tıkayarak yaşamak ve başkalarının düşüncesine aldırış etmemek en güçlü silahımız olabiliyor. Umursamamak özgürlük getiriyor. Tabii temeli sağlam nedenlere dayandırılan umursamamaktan bahsediyorum. Diğer türlü, çok parası olunca istediği her şeyi yapabileceğini, 18 yaşına basınca reşit olacağını sanıyor insan. Sorun şu ki, ne 18 yaşında, ne çok paran olunca, ne de başka bir vesile ile sahip olabiliyorsun bu özgürlüğe Sadece el âlem bariyerini aşmayı başardığın zaman reşit oluyor, özgürlüğün ve yaşamın tadına varabiliyorsun.

İçimizde kalan ukdelerin, hayallerimizden vazgeçişlerin sebebidir bu *el âlem.* Ve gariptir, gölge gibi takip eder nereye gidersek gidelim. Bir okurum şöyle bir şey anlatmıştı: "Ne zaman kendimce sıra dışı bir şey yapmaya kalksam özellikle annem, 'Aman kızım, aman yavrum, millet ne der, mahalleli ne der?' diyerek engel olurdu. Çok uç şeylerden bahsetmiyorum hocam. Bir arkadaşımın doğum gününe katılmak, saçımın bir bölümünü farklı bir renge boyamak, yolda dondurma yemek gibi şeyler... Zaman geçti, evden taşındık, mahalleden ayrıldık, çevremiz değişti ama bu 'El âlem ne der?' yaklaşımı bir türlü değişmedi. Şu an düşünüyorum da 'el âlem' dediğimiz meğer annemin, babamın, akrabalarımın bizzat kendilerinden başkası değilmiş! Meğerse el âlem biz oluvermişiz, kendimiz..."

Bu öyle bir örgüt ki, öyle görünmez güçlü bir el ki birçok hayatı zindan ediyor. Friedrich Nietzsche'nin dediği gibi: *"Görün-*

mez ellerdir bize en kötü eziyetleri çektirenler, bizi eğip bükenler." Erkeksindir, ayıp olur diye ağlayamazsın; kadınsındır, laf olur diye kahkaha atamazsın; erkek çocuğusundur, saç uzatamazsın; kız çocuğusundur, arkadaşının arabasına binemezsin... Ve bu ufak görünen şeyler dağdan yuvarlanan ufak bir kartopu gibi görünse de sonu çığ olup tepemize inebiliyor. Mecburi evliliklerden zoraki çocuk sahibi olmaya ve hatta töre cinayetlerine varan durumlarla sonuçlanabiliyor.

Şu yaşıma kadar emin olduğum iki şey nedir derseniz size şöyle diyebilirim:

1. Ağzı olan konuşur.
2. Kimseyi memnun edemezsin.

Şöyle bir geriye dönüp yaşantınızı gözden geçirir misiniz? Çok değil, iki dakika bile kâfi. Hayatınıza dokunan, gerçek anlamda yön veren kişilerin varlığı bir elin parmaklarını geçmeyecektir muhtemelen. Sabahattin Ali bir serzenişte bulunuyor ya *İçimizdeki Şeytan*'da:

"Herkes ne diyecek?
Fakat bu ana kadar herkesten ne gördüm ki?
Bana en yakın olanlar dahil olmak üzere,
bu herkes dedikleri şey beni üzmekten,
hayatımı manasız bir hale sokmaktan başka ne yaptı?"

İşte böyle. Bu nedenle kendinize dönün. Kimseye gereğinden fazla anlam yüklemeyin. Kimse için kendinizden ödün vermeyin. Vazgeçilmez olan sizsiniz, sizin hayatınız. Başkasınınki değil. Hakikat nerede biliyor musunuz aslında? "El âlem ne der?" kaygısı yerine "El âlim ne der?" diye hayatımıza şekil verebilmekte, asıl ihlas "Rabbim ne der?" diye düşünebilmektedir. Şöyle bir soralım kendimize; sahiden O'na göre mi yaşıyoruz hayatımızı daha çok? Yoksa "El âlem" putuna mı tapıyoruz farkına varmadan?

Unutmayın, insanlar en fazla 10 dakika konuşur sizin hakkınızda. Siz ise hak etmemiş olduğunuz hayatı koca bir ömür yaşarsınız.

Genel olarak ülkece pek ayarımız yoktur bilirsiniz. Ya "Millet ne der?" diyerek köle hayatı yaşarız ya da "Herkes konuşsun, şanım yürüsün be!" diyerek günümüzü gün ederiz. Asıl mesele sanırım orta yolu bulmakta.

Uzun yıllar ilk seçeneğin korkusuyla yaşadım ben. Giyimden, arkadaş çevreme; saç modelimden seçeceğim işe kadar birçok konuda baskı yaşadım. Ve zamanla özümden giderek uzaklaştığımı fark ettim. Kendime çekidüzen verecek bazı tavsiyelerde bulundum akabinde. Bunlar kendim için belirlediğim kurallar olsa da göreceksiniz ki çoğumuz zaten aynı şeylerden mustaribiz.

► Kendinin en yakın arkadaşı ol. Kendinle devamlı temas halinde ol. Ne hissettiğine öncelik ver.

► Seni motive eden, destekleyen, yanındayken mutlu hissettiğin kişilerle vakit geçir. Herkesle samimi olmak zorunda değilsin.

► Sahip olmak için değil, takdir edilmek için değil, "olmak" için yaşa. Sadece "olmak istediğin kişi" ol.

► Hayal kurmaktan asla vazgeçme. Ama her hayale giden yolda karşılaşacağın hayal kırıklıklarına, eleştirilere karşı hazırlıklı ol.

- Kendi kuralların olsun. Hayat bir oyun ve bunu başkalarının kurallarına göre oynama. Yoksa hep yenilirsin.

- Kendine ait net fikirler edin. Her konuda çevrene danışmak zorunda değilsin.

- İçinden gelen bir şey olduğunda bunu yap. Hayat ertelemeye gelmeyecek kadar kısa ve değerli.

"İnsan, alıştığı gürültüyü bile arar."

– John Steinbeck

Şikâyetim var!

Vezirler padişahın huzuruna çıkmışlar:

"Padişahım, hazinede hiç para kalmadı. Yeni vergilere ihtiyaç var."

Padişah, kavuğunun altından kafasını kaşımış.

"Ne vergisi koyalım? Söyleyin bakalım!"

Vezirler istekli:

"Köprülere adam yerleştirelim, her geçenden bir akçe alsınlar!"

Padişahın yatmış kafasına: "Tamam..." demiş. Bir süre sonra çağırmış vezirleri huzuruna, sormuş:

"Hiç tepki veren var mı?"

"Hiçbir tepki yok padişahım!" diye atılmış vezirler.

Padişah gayet memnun:

"İyi o zaman, köprünün diğer tarafına da birilerini yerleştirin, çıkanlardan da birer akçe alınsın."

Biraz zaman geçmiş. Padişah tekrar çağırmış vezirleri:

"Şimdi var mı şikâyet eden?"

"Yok padişahım."

Halkının tepkisizliğine sinirlenen padişah, gürlemiş:

"Köprülerin ortasına da adam koyun, gelip geçeni becersinler!"

Aradan biraz zaman geçmiş. Halktan hâlâ bir tepki yok. İyice sinirlenen padişah, çağırmış vezirlerini, halkı dinleyelim hele demiş.

Köye gitmişler, halk toplanmış meydanda. Padişah sormuş:

"Bir şikâyetiniz var mı?"

Ses yok.

Padişah tekrarlamış: "Şikâyeti olan yok mu?"

Yine çıt ses yok. "Şikâyeti olan söylesin!" diye gürleyince padişah, arkalardan cılız bir ses duyulmuş:

"Padişahım, o köprünün ortasındaki bir adam var..."

"Eee?" demiş padişah bir umutla...

"Akşamları çok kalabalık oluyor, sıra uzuyor, eve geç kalıyoruz, bir adam daha koysanız..."

Teşbihte hata olmaz. Hikâyenin ince mesaj verme şekline bakmayın siz. Osmanlı döneminde yaşayan herkes, karşılaştığı herhangi bir haksızlık durumunda şikâyetini dile getirmek için imkâna sahipti. Birçok şikâyet mercii padişah adına halkı dinliyor ve çözüm üretiyordu. Adaletin tesisi maksadıyla Divan-ı Mezalim adıyla kurumlar vardı. Ayrıca, başta Divan-ı Hümayun olmak üzere veziriazam, eyalet ve sancak divanları ile kadı mahkemeleri bulunuyordu. Şikâyet iletim kanalları olabildiğince fazla olduğu bir gerçekti ancak işlerliği konusu araştırmaya değer.

Günümüzde demokrasi kavramı dillere pelesenk olmuş bir vaziyette. Hatta artık ona "ileri demokrasi" demeye başladık daha çok. Bir de bunun üzerine sizi "Demokrasi sözcüğünün kökeni *demos* (halk) ve *kratos* (egemenlik) kelimelerine dayalıdır" gibi cümlelerle sıkmayacağım. Ama ne zaman yukarıdaki hikâyeyi okusam, güleyim mi ağlayayım mı şaşırırken, aklıma Einstein'ın şu sözü takılıyor: *"Problemleri onları üreten kafalarla çözemeyiz."* Bu mantıkla özgürlük hiç varılamayacak bir ütopya olarak geliyor gözümün önüne.

Demokrasi artık dünyada çoğunluğun faşizmi olarak kendini gösteriyor daha çok. Kurtarıcı söylem ise "Halk böyle istedi" oluyor. *"La démocratie n'est pas la loi des majorités, c'est le respect des minorités"* yani *"Demokrasi çoğunluğun kanunu değil, azınlığın saygısıdır"* demiş Albert Camus halbuki.

Köşeye her sıkıştığımızda "demokrasi" istiyoruz deriz ancak ne istediğimiz hakkında bir fikrimiz olmuyor çoğu zaman. Kimi demokrasiden eşitliği kastediyor, kimi özgürlük istiyor. Hatta bu kavram bir ülkeye özgürlük götürmek için savaş sebebi bile olabiliyor. İsteğimiz ne olursa olsun, aynı zamanda sistemin garantörü köleler de yine biz oluyoruz. "Kölelik mi kaldı yahu?" demeyin, Bukowski'ye kulak verin: *"Kölelik kaldırılmadı, sadece bütün renkleri kapsayacak biçimde genişletildi..."* Katılmamak elde değil. Genişletildi ve şekli değiştirildi biraz da. Materyalist köleler olup çıktık her birimiz. Adımıza da sanırım demokrasi ile yönetilen halk dendi. Halinden gayet mutlu, şikâyet etmeyen kölelere dönüştük zaman içinde.

Hep söylüyorum, hayatın her alanında en önemli unsur dengedir. Şikâyet etmemek gibi bir yaşam tarzı olamaz. Durmadan mızmızlanan, her konuda sızlanan hoşnutsuz insanlardan bahsetmiyorum elbet. Verimli şikâyettir kastım. Burada esas unsur *harekete geçmektir.*

Değiştiremeyeceğimiz şeyler için sızlanmak hayat enerjimizi düşürür ama bazı durumlar da var ki imkânsız gibi görünse de tek bir kıvılcım ile yol almaya başlar. Şikâyet mekanizması bizi harekete geçirdiği zaman olumlu sonuçlar doğurabilecek bir eylemdir. Ama şikâyet etmek çoğu kez halk arasında basitliğin, nankörlüğün ya da zayıflığın göstergesi olarak kabul edildiği için, tabiri caizse, önümüze konan her şeyi yorum yapmadan yemek zorunda hissediyoruz.

İyi bir konumda yönetici olan bir arkadaşım şunu söylemişti bir ara: "Yönetici olduğumdan bu yana iki şeyi fazlasıyla öğrendim. Birincisi, topluluk içinde tüm çalışanları tenkit edecek bir konuşma yapmak oldukça basittir. Ama konu tek çalışanı baş başa iken tenkit etmeye gelince bu cidden bir beceri istiyor. Herkes yapamaz. Aynı durum şikâyet etmek konusunda da geçerli. Çalışanların, her defasında şikâyet ettiği kulağıma çalınan bazı konuları, baş başa kaldığım bir çalışanıma sorduğumda tek kelime etmezdi..."

Hakkını aramak da bir beceri gerektiriyor demek ki. Başımıza gelen her durumu kader diyerek geçiştirmek korkaklığın, tembelliğin bir göstergesidir. Unutmayalım ki kader gayrete âşıktır. Yaşam bizim başımıza gelenler değildir. Tavrımızla, duruşumuzla, verdiğimiz kararlarla yaşama biz şekil veririz.

"Herkes tek başına hayli zeki, akıllı,
ama başkalarıyla kalın kafalı."

- Schiller

Sürünün bir parçası mısın?

Schiller'in bu sözü tam da duvara asmalık cinsten. Kitleler ya da kalabalık, içgüdüsel olarak öncü birini ararlar. Ve bu kalabalığın zekâ seviyesi zaman içerisinde belirledikleri öncünün zekâ seviyesiyle bir olur.

Geçenlerde şöyle bir habere denk geldim: "Bitlis'in Ahlat ilçesinde dereye atlayan iki keçiyi izleyen 320 koyundan 103'ü telef oldu."

İki keçi, yaklaşık 10-15 metre yükseklikten dereye atlıyor. İkisinin ardından da 320 koyun, keçilerin peşinden dereye atlıyor. İlk atlayan grubun üzerine düşen diğer koyunlar telef olmaktan kurtuluyor. Nasıl ama?

Aslında sürü psikolojisi -sosyal ispat ya da kitle psikolojisi, adına ne derseniz deyin- her zaman negatif bir anlam taşımaz. Bir kalabalık, kolaylıkla gözü dönmüş bir canavara dönüşebilirken, aynı kalabalık oldukça kutsal bir dava uğruna dayanışma da gösterebilirler. Birbirimizin ilgi alanlarına bu kadar etki edebiliyorken, burada asıl önemli olan husus dış yönlendirmelere ne kadar açık ve hassas olduğumuzu bilip, bir kontrol mekanizması geliştirebilmektir.

İnsanlar, genellikle acil ve hayati durumlarda daha makul, kolektif bir kimlik oluşturuyor. Bu kimlik, kitlenin bir durum karşısında ne kadar işbirliği halinde olacağını ve ne kadar direnç göstereceğini belirlemede başrol oynuyor. 2005 yılında Londra'da meydana gelen bombalı saldırılarda, yakın tarihimizden 6,8 büyüklüğündeki 2020 Elazığ depreminde çok sayıda yardımlaşma ve dayanışma örneklerini görmek mümkündü.

Bazen de kitlenin bir parçası olmak, dayanışma güdüsünün aksine, riskli ve ölümcül sonuçlarla bitebiliyor. 2017'de Angola'da bir futbol maçı öncesi binlerce kişinin kapılara hücum etmesi sonucunda 17 kişinin ezilerek yaşamını yitirmesi örneği gibi. Bu durum için, her ne kadar birbirine zıt gibi görünseler de, çoğunlukla ortak paydada buluşan Freud ve Le Bon'un yaklaşımlarını esas almak gerekir. Çünkü toplumlarda her iki yaklaşıma paralel olayların meydana geldiğine şahit oluyoruz.

Fransız sosyolog ve antropolog Le Bon'a göre birey, kitle içerisine girdiğinde kendi kimliğini yitirir ve içinde bulunduğu kitlenin davranışına ayak uydurur. Bireysellik yoktur. Kitlelere hükmeden asıl şey zekâ, eğitim seviyesi vb. değerler sistemi değildir. Asıl etkinin altında yatan sebepler arasında liderin nüfuz etme kabiliyeti, tekrar ve sirayet etme yeteneği ve akla değil de duygulara etki edebilme becerisi yatar. Milletlerin kaderi artık hükümdar divanlarında değil, kitlelerin ruhunda hazırlanmaktadır.

Freud ise Le Bon'un aksine, toplumsallığı reddeder, duruma bireysel bir bakış açısıyla yaklaşır. Bireyin kimlik kaybı yoktur. Kişi, günlük hayatta baskıladığı içgüdülerini kitle içerisinde dışa vurur. Bu dışavurumu kitle sağlar. Kitle, bireyin baskıladığı içgüdüsünün dışavurumu için bireye uygun ortamı kendisi yaratır. Kitle önderi, topluluğu etkilemek için elindeki nedenleri mantık süzgecinden geçirme ihtiyacı duymaz. İşi alabildiğine güçlü imajlara dökmek, abartmak ve sürekli aynı şeyi yinelemek nihai amaca ulaşmayı sağlar.

"Stanford Hapishane Deneyi" diye bilinen olayla ilgili Mario Giordano'nun yazdığı *Black Box* adlı kitap ve bu kitaptan esinlenerek çekilen *Das Experiment* filmi bu konuya iyi birer örnek teşkil eder. Tavsiye ederim.

Çok uzağa gitmeye gerek yok aslında. Yıllardır yakın çevremizden basılı, görsel medyaya kadar birçok alanda farkında olmadan yönlendirmeye maruz kalıyoruz zaten. Lise ya da üniversite yıllarınızı hatırlayın. Sıra arkadaşınız ya da oda arkadaşınız çalışkan ise sizin de notlarınız yükselme eğilimi gösteriyordu muhtemelen. Elbet aksi de geçerli.

Şu da aşikâr bir durum ki, benim için özellikle fazlasıyla geçerli, ne kadar iştahlı ve yemek yemeyi seven birisi olursanız olun, az yemek yiyen bir grupla masaya oturduğunuzda, muhtemelen masadan aç kalkarsınız. Bu durumu bizzat yaşayarak, eve geldikten sonra kendimi mutfağa zor atmışlığım çoktur.☺

Geçmiş zaman, ünlü bir yazar-sunucu arkadaş ile bir proje üzerinde konuşmak için buluşmamız gerekmişti. Önceden kararlaştırdığımız saatte buluşamayacağımızı, yayın akışında bir değişiklik olduğunu, o nedenle stüdyodan ayrılamayacağını söyleyerek, beni oraya davet etti. Program arasında hızlıca projeden bahsedecektik. Hayatımda ilk kez bir canlı çekime de şahit olacaktım bu arada. Neyse, program devam ederken arkalarda kendime bir yer buldum, hem izliyorum hem de ara verilsin de arkadaşla görüşüp gideyim diyorum. Bir ara seyircilere dönmüş, üzerinde "Alkış" yazılı bir pankart tutan bir stüdyo görevlisi takıldı gözüme. Pankartı görünce seyircilerin yarısı ayaklandı, bazıları gülmeye başladı. Alkış kıyamet koptu. Radyolarda, dinleyicileri gülmeye teşvik etmek maksadıyla belirli noktalarda kahkaha sesi kullanıldığını biliyordum, hatta buna konserve kahkaha deniliyormuş, ama televizyonda canlı yayında gerçek seyirciyle yapılanına ilk kez rastlamıştım.

Radyo, televizyon ve yazılı basın sosyal ispatla ilgili zaafımızı çokça kullanır. Reklamlarda da buna sıkça rastlarız aslında. Senin benim gibi insanlar vardır ekranda hep. Şampuan reklamlarında çekik gözlü bir Çinliye rastlamamız çok olası değildir. Kola reklamları 20 kişilik bir ailenin iftar sofrasını konu alır bu nedenle.

Demem o ki, şu hususlara rastladığınızda biraz şüpheci olmakta fayda var:

- En çok satılan ürün
- En çok dinlenen şarkı
- En çok okunan kitap (benimkiler hariç)☺
- Son iki koltuk
- En yüksek oy alan kafe, tatil köyü
- Şu anda 142 kişi bu odayı inceliyor

Politikacılar, basın yayın organları ve pazarlama kurumları çoğu zaman insanlara duymak istedikleri şeyleri söylerler. Sunulanların doğruluğundan ziyade popüler olan görüşün yanında olmak daha elzemdir. Böylece çoğunluğun sempatisi de kazanılır çünkü. Somerset Maugham şöyle diyor:

"50 milyon insanın aptalca bir şeyin
doğru olduğunu ısrarla iddia etmesi o şeyi doğru kılmaz."

Herhangi bir ürünün çok satılıyor olması, herhangi bir otelin çok yüksek puan almış olması, bir şarkının en çok indirilmesi onları iyi yapmaz. İlla ki başınıza gelmiştir. Kaçınız Youtube'da Bon Jovi şarkıları dinlerken kendini Mahmut Tuncer ile halay çekerken buldu? Birçoğunuz. Konu müzikten açılmışken Matthew Salganik'ten bahsetmeliyim size.

Profesör Matthew ve arkadaşları, bir müzik sitesi kuruyorlar. Şarkıları dinleyip indirebiliyorsunuz. Birinci grup deneklere belirli şarkılar dinletiliyor ve beğendiklerini indirmeleri isteniyor. İkinci grup deneklere de aynı görev verilirken, şarkıların yanında o ana kadarki indirme sayıları gösteriliyor. Sunulan şarkılar popüler değil, hatta daha önce deneklerin muhtemelen ilk kez duyduğu şarkılardan oluşuyor.

İlk gruptakiler birbirinden farklı müzikleri indirmeyi tercih ediyorlar. İkinci grup ise en çok indirilen müzikleri dinleyip indirme eğilimi gösteriyor. Spotify ve Fizy gibi uygulamalar bizleri ne kadar yönlendiriyor acaba? Bu cümleleri kötü örnek göstermek için yazmıyorum elbet. Sadece dış etkenlere karşı ne kadar hassas olduğumuzu fark etmekte fayda görüyorum. Sürü psikolojisi dediğimiz şey kulağımıza hep şunu fısıldar: "Diğerleri gibi davranırsan doğru davranmış olursun. Bir fikri ya da davranışı ne kadar çok insan onaylıyorsa, bu o kadar doğrudur."

Amerika'da kurulmuş olan tüm şirketlerin yılda bir kere gelir vergisi beyanında bulunma zorunluluğu vardır. Minnesota'da buna teşvik amaçlı bir çalışma yapılıyor. Vergi toplayıcılar şirketler ile iletişime geçiyor ve aşağıdaki cümlelere benzer cümleler ile ikna etmeye çalışıyorlar insanları.

- Vergi beyanınız ile ilgili ihtiyaç duyduğunuz her konuda yardımcı olabiliriz.
- Vergi beyanında bulunmayanlar için yüksek oranda ceza uygulanacaktır.
- Vergileriniz eğitim, sağlık ve sosyal yardımlaşma için harcanacaktır.
- Minnesota Eyaleti'nde halkın %90'ından fazlası vergilerini düzenli olarak beyan etmektedir.

Hangi cümle daha etkili olmuştur dersiniz? Tam düşündüğünüz gibi: Sonuncusu. Size, "Yok artık, o kadar da değil!" diyeceğiniz bir örnek daha verip konuyu bitirelim.

Şöyle düşüşün: Görsel algının ölçümü ile ilgili bir deneye davet edildiniz. Sizinle birlikte 6 denek daha var ve bir odaya gönderiliyorsunuz. Bir masanın etrafında toplanıyorsunuz. Araştırmacı sizlere şu soruyu yöneltiyor ve sırayla cevaplamanızı istiyor: "Aşağıdaki fotoğrafta, sol taraftaki çizgi, sağdaki hangi çizgi ile eşit boydadır?"

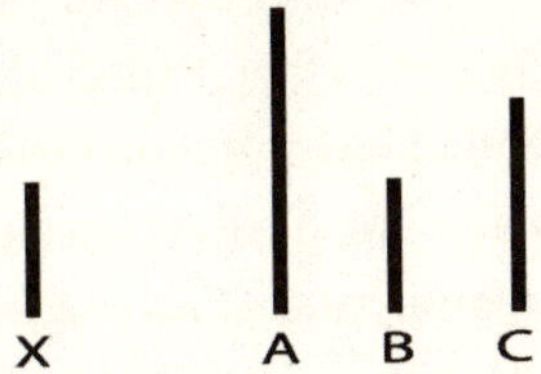

Hepinizin "B" dediğini duyar gibiyim. Çok basit değil mi? Zaten deneklerin de hepsi sırayla doğru cevap veriyor. Daha sonra ikinci soru yöneltiliyor, aynı şey isteniyor:

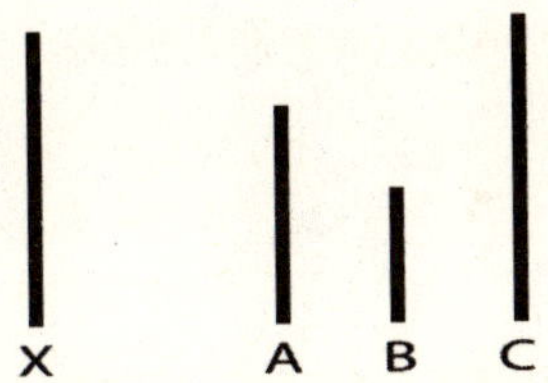

Biliyorum, bu kadar da olmaz! İkinci soruya da bütün katılımcılar doğru cevap veriyor ve üçüncü soru ile birlikte işler biraz daha değişiyor.

Asch Deneyi olarak da bilinen bu çalışma Psikolog Solomon Asch tarafından gerçekleştirilmiştir. En sondaki katılımcı olan sizin dışınızda diğer tüm denekler daha önceden anlaşma yapılmış aktörlerdir. Deney 18 sorudan oluşuyor. Yukarıda da gördüğünüz ilk iki turda aktörler doğru cevabı veriyorlar. Geriye kalan 16 sorudan 12'sine önceden ayarlanmış yanlış cevapları veriyorlar.

Deneyin sonucunda katılımcıların %5'i her seferinde çoğunluğun verdiği cevabı vermiştir. %37'si ise deneyin yarısından fazlasında çoğunluğun verdiği cevapları vermiştir. Soruların basitlik derecesi ile kıyaslayınca yukarıdaki yüzdelerin oldukça yüksek olduğunu anlayabiliriz. Denekler, yanlarındaki diğer 6 katılımcıyı tanımamalarına rağmen, farklı bir yanıt vermekten çekinmişler ve çoğunluğun kasıtlı olarak verdiği yanlış cevapları seçmişlerdir.

Günlük hayatta, buna benzer birçok basit konuda bile kendi isteklerimizden, düşünce ya da davranışlarımızdan vazgeçip, sürünün bir parçası olabiliyoruz. Güvenli bir liman olarak görülen kalabalığın içerisinde; yalnız kalmaktan, kabul görmemekten, eleştirilmekten ya da dışlanmaktan öylesine korkuyoruz ki çoğu şeye artık kafa yormuyoruz bile. Düşünmemek, sorgulamamak ve çoğunluğun yaptığını doğru kabul etmek daha emniyetli ve kolay geliyor.

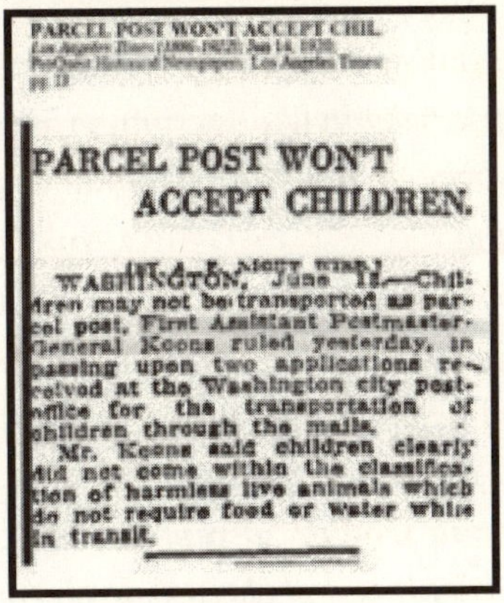

PARCEL POST WON'T ACCEPT CHIL

PARCEL POST WON'T ACCEPT CHILDREN.

(BY A. P. NIGHT WIRE)

WASHINGTON, June 13.—Children may not be transported as parcel post, First Assistant Postmaster-General Koons ruled yesterday, in passing upon two applications received at the Washington city post-office for the transportation of children through the mails.

Mr. Koons said children clearly did not come within the classification of harmless live animals which do not require food or water while in transit.

Postaaaa!

Sizinle, dünya tarihinin en ilginç, hatta en ilkel uygulamalarından bir tanesinin nasıl bir "Hayır!" ile düzeltilebildiğini gösteren bir bilgi paylaşacağım şimdi.

Çocuğunuzu hiç posta ile bir yere göndermeyi düşünür müsünüz? 20. yüzyılın başlarında bunu düşünmüşler ve çocuklar zaman zaman ABD Posta Servisi aracılığıyla şehirlerarası gönderi muamelesi görmüş. Doğru okudunuz.

Parsel Posta Servisi, Ocak 1913'te hizmet vermeye başladıktan kısa bir süre sonra maalesef posta yoluyla gönderilen şeylerden biri de insandı. Evet, belki hayat o zamanlar biraz daha güvenliydi. Bu nedenle insanlar bunu yaparken rahat hissettiler sanırım. Ayrıca, posta ücretleri de diğer ulaşım seçeneklerine kıyasla çok daha ucuza geliyordu. Şöyle düşünün: İstanbul'da yaşıyorsunuz. Ankara'da yaşayan anne ve babanıza torunlarını bir süre bırakmak istediğinizde, gidiş için iki, dönüş için tek kişilik, toplam üç kişilik bilet alıyorsunuz. Ortalama size maliyeti 500 lira olacakken, ABD Posta Servisi sizden "eve teslim 35 lira" talep ediyor. Bir saniye yahu. Düşündüm de, gayet çekici geldi şu an.☺ Ama yine de çok vahşice!

Bunu ilk deneyenler Glen Este'den Bay ve Bayan Beagle'dı. Ohio'dan bir erkek bebek büyükannesinin evine gönderildi. 4,1 kg ağırlığındaydı. Bebeği elli dolar karşılığında sigortaladılar ve sağ salim teslimat yapıldı.

İşin garibi, uygulama fazlasıyla ilgi gördü. Çocuklar bir mal gibi istenilen adrese teslim edildi. Genelde yetim çocuklar postalanıyordu. Bu ilkel uygulama gayet olağan bir hal almıştı. Kimse karşı çıkmıyordu. Bu durum yaklaşık iki yıl kadar sürdü. Ta ki Mary isimli bir anne "Hayır!" diyene kadar. Çocuklar mal değildi, bu şekilde taşınamazdı. "Hayır!" dedi. Yılmadan kapı kapı dolaştı, durumu anlattı. Kısa sürede yüzler, yüz binleri buldu. İmza kampanyası düzenlendi ve hayırcıların imzaları gazetelere ulaştırıldı.

Sonunda, tepkilere boyun eğmek zorunda kalan ABD Posta Kurumu'nun "Posta Çocukları" uygulaması son buldu.

Buna benzer irili ufaklı birçok konu var hayır diyemediğimiz, akışına kapılıp kabul ettiğimiz, benimsediğimiz. Popüler kültürün çıkış noktası da bu tarz benimsemelerden kaynaklanıyor bana kalırsa. Bir kitabı herkes satın alıyor diye okumak, bir diziyi/filmi herkes izliyor diye izlemek, bir şarkıyı çok popüler diye ezberlemek... Bu ve buna benzer onlarca örnek mevcut. Unutmayın. Bir şeyi herkesin yapıyor olması o şeyin kesinlikle doğru olduğu anlamına gelmez. Ve bu anlarda hayır diyebilmek bazen hayati sonuçlara bile neden olabilir.

"İnsan çok sevmekten, kıyamamaktan, kızamamaktan, üzememekten ve hep alttan almaktan kaybeder. Hayat, ilk olarak kendini yok sayanları harcar."

Her hayırda bir hayır vardır

Dışarıdan bakıldığında dışadönük bir yapım varmış gibi görünse de, aslında daha içine kapanık, kendimle baş başa olmayı tercih eden ve utangaç diyebileceğim bir yapım vardı bir zamanlar. Karşı tarafı hâlâ kırmamaya özen gösteriyorum elimden geldiğince. Empati yeteneğim sanırım işe yarıyor. Ama bazen dozu kaçırıyordum işte. Öyle ki alışveriş yaparken fiyat sormaya, kıyafet alacaksam bedenini denemeye çekiniyordum çoğu zaman. Sorunca almak zorunda hissediyordum o şey her neyse. Ya da ne bileyim, tarife yükseltmek için telefon şirketinden, yeni bir üyelik için farklı bir kurumdan, kredi teklifi için bir bankadan aradıklarında hayır diyebilmek için akla karayı seçtiğimi, bayağı bayağı üzerimde baskı hissettiğimi hatırlıyorum. Size geçmiş zamanda sırf bu yüzden bir tatil planımı nasıl mahvettiğimi anlatmalıyım.

Uzun süre çokuluslu ortamlarda çalışmak durumunda kaldım. Oda arkadaşlarımdan biri İspanyol, diğeri ise Amerikalıydı bu anım sırasında. Ekipte ayrıca bir Türk arkadaş ve bir de müdürümüz olacak şekilde toplam beş kişiydik. Günlerden sanırım perşembe ya da cumaydı. Yavaş yavaş hafta sonu planları gün yüzüne çıkmıştı çünkü. Mesaiyi bitirdik, tam çıkacağız derken müdür dördümüzü odasına çağırdı. Amerikalı, İspanyol, diğer arkadaşım ve Temel (ben) ☺ odaya girdik. Konu kısaca şuydu: Pazartesi günü yapılacak olan plansız bir toplantı için cumartesi günü yurtdışından yabancı bir ekip gelecekti ve hafta sonu onlara eşlik edecek, pazartesi günü toplantıya sağ salim getirecek birisi gerekiyordu. Tahmin edin o kişi kim oldu? Tabii ki Temel. Burada değinmek istediğim asıl konu ise çalışma arkadaşlarımın tutumu.

Bu soru yöneltilince biz iki Türk kahramanı göz göze gelerek birbirimize neler anlattık bir bilseniz. Bu arada Amerikalı dostum gayet net bir şekilde, "Efendim..." dedi. "Birkaç gündür oldukça halsiz hissediyorum. Hafta sonu kendime gelebilmek için dinlensem daha iyi olur." Yalan değil, gerçekten de halsizim deyip duruyordu. İspanyol arkadaş atıldı o ara: "Müdürüm, hafta sonu için Kapadokya'ya gideceğim. Ailece balona falan da bineceğiz..." Diğer Türk arkadaşım da, "Efendim geçen bahsetmiştim ama bu hafta sonu sınav vardı. İki üç aydır hazırlık yapıyorum, senede iki kere oluyor, kem küm..." derken sıra bütün ihtişamımla bana gelmişti. Şöyle üç beş saniye müdürle göz göze geldikten sonra, "Tabii müdürüm, ben hallederim..." dedim. Sonrasını hatırlamıyorum.☺

Halbuki neredeyse birkaç ay önceden planlamış olduğum bir tatile çıkacaktım. Gidiş-dönüş uçak biletim, konaklama ücretim vb. tüm ödemeleri, hazırlıkları yapmıştım. Ama sorun sadece bu da değildi aslında. Müdürün gönlü olsun, diğer arkadaşların işleri görülsün ya da ne derseniz deyin, buna benzer düşüncelerle o esnada evet diyerek aslında kendime hayır demiştim. Aynı akşam eve gittiğimde kendime çok kızgındım. Aslında oldukça eğlenceli zamanlar geçti hafta sonu misafirlerle. Ancak yine de kendime değer vermediğimi düşünüp durdum birkaç gün boyunca.

Özellikle Batılı toplumlarda hayır demek gayet doğal karşılanırken, kültürümüzde çok farklı anlamlara çekilebiliyor. Bir anda vefasız, tembel, nankör, asosyal gibi damgalar yiyebiliyorsunuz. Hal böyle olunca, toplumda kabul görmek için, ayıp olmasın ya da birileri kırılmasın diye kendi önceliklerimizi ve hatta kişiliğimizi geri plana atabiliyoruz. Oysaki "hayır diyebilmek" öz varlığımızı, değerlerimizi ve ruh sağlığımızı koruyabilmek için en önemli zırhtır. İnanın bana, istemediğiniz bir konuda vereceğiniz "hayır" cevabına kırılan, aksini ısrar eden biri sizi zaten anlamıyor, sizin iyiliğinizi istemiyor demektir.

Bizi "hayır" demekten neyin alıkoyduğunu anlamamak sorunun ilk adımı aslında. Oğuz Atay'a ait çok sevdiğim bir alıntı vardır:

"En kötüsü, hayır demeyi öğrenemedim.
Yemeğe kal, dediler, kaldım. Oysa kalınmaz.
Onlar biraz ısrar ederler; sen biraz nazlanırsın.
Sonunda kalkıp gidilir.
Her söylenileni ciddiye almak yok mu,
şu sözünün eri olmak yok mu; bitirdi, yıktı beni."

Peki, biz neden bu konuda zorlanıyoruz?

Kaybetme korkusu

Karşımızdaki kişi yakın ilişkilerimizin olduğu, değer verdiğimiz biriyse hayır demek daha da zorlaşabiliyor. Bu kişileri kaybetmekten, bize olan ilgilerinin azalacağından, aramızın bozulacağından ve bunların doğuracağı yalnızlıktan korkuyoruz. "Onu kaybederim" korkusu ile insanlara hayır diyemiyoruz. Zaten, tek bir "hayır"ınızla birisinin sizden vazgeçebilmesinin sebebi samimiyetinin, sevgisinin %100 yapay olmasıdır. Hiç üzülmeyin. Kaybınız kazancınızdır.

Suçluluk duygusu

Ablanız, komşunuz ya da iş arkadaşınız eşi ile hafta sonu kaçamağı için baş başa tatile çıkacaktır. Tüm hafta sonunu iki çocuklarına bakıcılık yaparak geçirmeniz istenir. Ama size sorulduğunda ne söyleyeceğinizi bilemez ve sadece evet dersiniz. Belki sizin de planınız vardır ama kötü sonuçlar doğuracak olsa da planınızı iptal edersiniz. Çünkü çocukken çoğumuza özsaygı diye bir şeyden söz edilmedi. Hayır demenin ayıp olduğu, suç sayıldığı düşüncesiyle yetiştirilen bireyler olduk.

Takdir edilme/İtibar görme arzusu

Abraham Maslow 1943'te bir insanın temel ihtiyaçlarını 5 basamaklı bir sistem ile belirlerken 4. sıraya "itibar" diye bir not düşmüş. Bir insanı ayakta tutan, yaşama bağlayan en önemli isteklerden birisi beğenilme, takdir edilmedir. Aynı zamanda da en çok suiistimal edilenidir. Ayrıca birilerinin gözüne girmek maksadıyla evet derken kendi gözünüzden düşmemeye, özsaygınızı kaybetmemeye dikkat edin. Sevilmek, değer görmek elbette güzel, ancak bunları evetçi bir temel üzerine kurmak kendi benliğinizi zamanla hiçe saymak demektir.

İyi/Çalışkan olduğunu kanıtlama çabası

Eşinizle uzun süredir yapamadığınız bir tatil planınız vardı hafta sonu için. Ancak patronunuz pazartesiye kadar yetişmesi gereken bir çeviri işi olduğunu söylediğinde tereddüt etmeden diğer çalışanlar arasından sıyrılıp "Evet..." dediniz. "Ben yaparım!" Çünkü siz en iyisiniz. Sonrası malum. Bavulunuza şort ya da mayo yerine dosyaları sıkıştırdınız. İyi bir çalışan oldunuz belki. Peki, ne kadar iyi bir aile bireyi ya da eş oldunuz bu durumda?

Reddedilme korkusu

Eğer bir kez hayır dersek bir daha bizden kimsenin bir şey istemeyeceğini, dışlanacağımızı düşünürüz. İnsan, doğası gereği vermeye değil almaya meyilli bir varlıktır. Özellikle kabul görmeye alışmış bireyleri, reddedilmek derinden sarsar. Bırakın çevrenizdeki insanlar sizi siz olduğunuz için sevsin, çevrenizde kalsınlar. Etrafınızdaki hayır demesine rağmen hâlâ kabul gören insanları örnek alın. Bu insanların ikili ilişkilerinde çok daha başarılı olduğunu, ortamlarda daha çabuk kabul gördüğünü fark edeceksiniz.

Jiddu Krishnamurti şöyle der:

*"Hayır demek en yüksek düşünme biçimini gerektirir,
çünkü hayır demek olumsuzlayarak düşünme anlamına gelir –
yani yanlış olanı görme..."*

Olumsuzlama yaparak bir düşünce ya da varlığın kendi kendisiyle özdeş kalmasına engel oluruz. Bir durumu, karşıtı tarafından yok ederiz bu şekilde. Ama bu yok etme tümüyle ortadan kaldırma değildir. Yok edilenin olumlu yanlarını alıp sadece olumsuz yanlarını yok etmedir. Bu mesele oldukça yüksek bir bilinç gerektirdiği için, sadece beş harften oluşan bu kelimeyi kullanmak da bize çok zor gelir. Ama imkânsız değildir. Alışırsınız. Tam olarak şöyle olur hatta: "İnsanlara hayır diyebilmek, acı bir şurup içmek gibidir. İlk başta çok zorlanırsınız, yutamazsınız ama sizi onun iyileştireceğini bilirsiniz. Hayır diyebilmek de böyledir. İlk söylediğinizde canınız yanabilir ama sonra iradenizi güçlendirip, başkaldırmayı öğrenirsiniz."

En sevdiğiniz dahi olsa hayatınızdaki insanlara sınır belirlemeyi, onlara hayır diyebilmeyi öğrenin. Aksi halde hayatın birçok anında istemeyerek evet demek zorunda kalırız. Bu durumun üstesinden çoğu zaman kendimce belirlediğim iki soruyu cevaplayarak geliyorum artık. Kulağa pek hoş gelmese de işe yarıyor.

1. En kötü "gerçekçi" senaryo ne olabilir?

2. Buna rağmen evet demeye değer mi?

Örneğin bir arkadaşımın benden borç para istediğini farz edelim: "Biraz borç verebilir misin?"

1. Başıma gelecek en kötü olası durum borç verdiğim parayı geri alamamak olur.

2. Verdiğim parayı geri alamama ihtimaline rağmen, borç vermeyi kabul etmeli miyim?

Bu iki soruya, "Arkadaşımın canı sağ olsun. Aldığı borcu geri ödemese de, onun için değer/beni zora sokmaz" cevabını verebiliyorsam rahatlıkla evet diyebiliyorum. En önemlisi, bu şekilde aldığım kararların sonucunda artık çoğu zaman pişmanlık ya da kızgınlık hissetmiyorum. Siz de kendi sınırlarınıza, değer yargılarınıza, ilişki seviyelerinize göre bu tarz sorular hazırlayabilirsiniz, evet ya da hayır demeden önce cevaplamak için.

Peki, hayır demeyi nasıl öğreneceğiz? Bunun için size maddeler halinde birkaç ipucu yazıyorum.

1. Sınırlarınız/planlarınız olsun

Kendinize sınırlar belirleyin. Basitleştirilmiş ve sizi sıkmayacak, daraltmayacak planlar ile yaşamayı alışkanlık haline getirin. Örneğin, "Her pazartesi yeni bir kitaba başlayacağım" ya da "Haftada sadece bir gün diyetimi bozup, kendimi şımartacağım" gibi basit sınırlamalar uygulaması zor görünse de hem hayatımızı bir düzene sokar hem de bazı durumlarda hayır dememizi kolaylaştırabilir. Böyle bir durumda örneğin, hafta sonu için arkadaşınızın iki gece üst üste dışarı çıkma teklifine rahatça hayır diyebilir, sadece tek geceyi eğlenceye ayırıp, diğer günü, o hafta bitirmeniz gereken kitabı okuyarak geçirebilirsiniz.

2. Prensipleriniz olsun

Bu madde biraz kulak tırmalayıcı gibi durabilir ancak geçerli bir sebep bulamadığınızda hayır diyebilmek için en kestirme yollardan bir tanesidir. Çünkü birtakım sebepler ileri sürmeden, uzun açıklamalara gerek kalmadan bunu yapabilirsiniz. Örneğin, arkadaşınız sizden arabanızı birkaç günlüğüne ödünç almak istediğinde, "Hayır veremem, paşa gönlüm istemiyor" demek yerine, "Dostum inan arabamı kimseye vermiyorum, prensip meselesi. Yanlış anlama" şeklinde bir cevapla durumu kurtarabilirsiniz.

3. Konunun önem derecesini belirleyin

Üzerinde çalıştığınız konu ile yapmanız istenen başka bir konu arasında kıyaslama yapın her zaman. Artılarının ve eksilerinin ne olacağı yönünde yapacağınız bir kıyaslama sizi hayır cevabına daha rahat yönlendirecektir.

4. Düşünmek için kendinize zaman ayırın

Pişmanlıklarımızın birçoğunu düşünmeden verilen kararlar ve aniden verilen cevaplar oluşturur. "Evet" kelimesi ağızdan bir kere çıktı mı onu "hayır"a çevirmek neredeyse imkânsızdır. Bu nedenle vereceğiniz cevaptan emin değilseniz, "İzin verirsen biraz düşüneyim, sana haber veririm" diyebilirsiniz. Bu vesileyle istemediğiniz bir durum için çok daha rahat "hayır" cevabını verebilirsiniz.

5. Alternatif fikirler önerin

Sizden herhangi bir konuda yardım istendiğinde, "Bu konuda sana X kişisinin daha çok yardımı dokunabilir" şeklinde alternatif çözümler önererek kabul etmeme yoluna başvurabilirsiniz.

6. Sizden istenileni yapmayı öğretin

Evet. Doğru okudunuz. Bu yol biraz zaman alıcı, yorucu gibi görünse de, başardığınız vakit sürekli hayır demek zorunda kalmazsınız. Her şeyi siz yapmak zorunda değilsiniz. Başkalarına da öğreterek hem bir yükten hem de her seferinde hayır demekten kurtulabilirsiniz.

7. Net olun

Bazı durumlarda hayır diyebilmek için açıklama yapmaya çalışmak, lafı dolandırmak komik duruma düşmemize neden olabiliyor. Direkt olarak hayır demek yerine, karşı tarafı bu şekilde oyalamak daha kırıcı olabiliyor. Reddetmekten çekinmeyin.

Ben de bir zamanlar Aziz Nesin gibi hissediyordum: *"Bana, 'Hayır!' demek zor gelir. Yüzümün yumuşaklığından, salt karşımdakini memnun etmek için istemediğim şeyleri bile yaptığım, bu yüzden sonradan üzüldüğüm çok olmuştur..."*

Ama büyük oranda hayır demeyi, bunu derken karşı tarafı incitmeden kendime öncelik vermeyi öğrendim diyebilirim artık. Herkese yetişemeyeceğimin, herkesi memnun edemeyeceğimin fazlasıyla farkına vardım en azından. İstemediğim şeylere samimiyetsizlikle evet demek yerine, hayır demeyi seven biri oldum. O kadar da zor değil! Darısı başınıza...

Sınırlar güzeldir! Ne mutlu hayır diyebilene!

"Bir benliğim var benim.
Kurallarım var, olmazlarım var,
olmazsa olmazlarım var artık.
Sizin de olsun. Hudutlarınız, varlığınıza saygınız...
Sizin de olsun.
İsteklerinizin benliğimle çakıştığı noktada,
size gösterdiğim önceki hoşgörülerimin,
fedakârlıklarımın cömertliğine güvenerek,
aynı davranışları beklemeyin benden.
Eskisi ile karıştırmayın.
Önceki sınır tanımaz evet deyişlerime karşın,
artık benliğimi bulmak yolunda nedenlerim var.
Kendime olan saygımı geri kazanmak için nedenlerim var.
Ama sizin isteklerinize her seferinde evet diyebilmem için,
bunu sadece sizin istiyor oluşunuz dışında,
hiçbir nedenim yok.
Size olan saygım, duyduğum sevgi
ya da yaşanmışlıklarımız belki birer nedense de,
bu sefer ilk defa kendimden daha değerli değil.
Kendimden daha gerçek de değil.
Bir benliğim var benim.
Kurallarım var, olmazlarım var, olmazsa olmazlarım var.
O nedenle, bu sefer:
Hayır!"

"Yerini vaktinde terk etmeyi bilmek
gerçek olgunluktur;
sadece âcizler kalmakta ısrar eder."

– Victor Hugo

Vaktinde firar, zaferdir

Takipçilerimle ve okurlarla iletişim kurabildiğim tek yer olması nedeniyle Instagram hesabımın mesaj kutusuna fırsat buldukça bakıyorum. Geçenlerde bir genç arkadaş uzun süredir inişli çıkışlı bir ilişkisi olduğunu uzun uzun açıklamış, sonunda da eğer ilişkileri bitecek olursa çok emek verdiğinden, sevgisine yazık olacağından bahsetmişti. Kendisine, Nietzsche'nin alıntısını biraz değiştirerek, şöyle yazdım:

1. Bir ilişkiyi yürütürken kendine şu soruyu sormalısın: Sonu yaşlılık olan o uzun yol boyunca bu adamla sohbet etmekten keyif alacağına inanıyor musun?

2. Ve bence daha önemli olan soru: Şu an mutlu musun?

Aldığım cevaplar pek iç açıcı değildi açıkçası. Peki, bir insan neden mutsuz olduğu bir ilişkiyi ısrarla devam ettirir ki? Bunun tek açıklaması var: *Batık Maliyet Yanılgısı.*

Bireylerin, önceden yatırdıkları para, zaman, çaba, sevgi gibi kaynakların boşa gitmemesi için yanlış bir davranışa devam etmesi veya yanlış davranışa bağlı kalma eğilimi bu yanılgının özetidir. Duygusal ilişkilerimizden iş yaşantımıza, hatta günlük yaşantımızda birçok konuda bu yanılgıya düşeriz. Halbuki kaybetmemek için daha çok kaybetmek hiç de makul bir çözüm değildir.

Bu nedenle geleceği sağlam temeller üzerine inşa etmek için ayık olmak lazım. Şimdinin iyi bir değerlendirmesini yapabilecek kapasitede olabilmek lazım. Ölü bir yatırım yaptıysanız, ölü bir ilişkinin ya da her sabah ölü hislerle uyanıp gittiğiniz bir mesleğin içindeyseniz yapmanız gereken tek şey ruhunuz kokuşmadan öleni gömmeyi bilmektir. "Bu kadar emeğe, sevgiye, zamana yazık değil mi?" mantığı ile devam eden her şey sağlıksız, verimsiz temeller üzerine kurulmuş şekilde devam eder. Bir şeyleri zamanında heba etmek, ömrünün kalanında heba olmaktan iyidir. Ne sıklıkta batık maliyet tuzağına düşüyoruz, hiç düşündünüz mü? Çoğumuzun yaşadığı birkaç örnek vermek istiyorum size.

1. "Üniversitede hiç ilgi alanım olmayan bir bölümdeyim. Ama yine de devam etmeliyim çünkü yaklaşık bir senemi verdim."

Bu şekilde düşünen bir öğrenci, çevresinin de baskısı birleşince, onca emek verdiği ve bir yılını heba edeceği düşüncesiyle okuduğu bölümden mezun olması gerektiğine inanacaktır. Mutsuz ve amaçsız geçen üniversite yıllarından sonra, gelecekte de muhtemelen her sabah somurtarak hiç sevmediği bir işe gidecektir. Çağla adında bir arkadaşımın şu sözünü hiç unutmam: *"Pazartesi sendromu yoktur, sevmediğin işin vardır."*

2. "Çocuğumu piyano kursuna gönderiyorum. Tonlarca para ödedim. Bu çocuk o piyanoyu çalmalı."

Bunu piyano, dans, yüzme vb. birçok beceri kursu için düşünebiliriz. Çocuğunuzu bir beceri kazansın diye –belki de sizin zamanında başaramadıklarınızı onun üstünde deneme hırsınızdan dolayı– bir kursa kayıt ettirdiğinizi düşünelim. Peşin ödeme yaptığınız kursta yarıya gelinmesine rağmen çocuğunuzda en ufak bir ilerleme yok. Tam aksi, çocuğunuz kendi istemediği ve zaten o konuda becerisi olmadığı bir alanda zorla eğitim aldığı için kendini değersiz ve yer yer beceriksiz hissediyor ama siz yarıya gelinmiş bir kursun parasını zaten ödediniz. Bu durumda kursa yatırım yaptığınız zaman ve paradan olmamak adına tercihinizi, çocuğunuza ileride para ve zaman kaybından daha fazla zarar verebilecek seçenek olan, çocuğunuzun kursa devam etmesinden yana kullanıyorsunuz.

3. *"Geceliğine tonlarca para ödediğim otelin açık büfe kısmından başka yere adım atmam. Gerekirse orada uyurum!"*

İşte bu ben. Aslında bir otele tonlarca para verip, dört duvar arasında kendimi sayılı imkânlarla sınırlamak çok hoşlandığım bir tatil anlayışı değil. Öğlene kadar süren açık büfe kahvaltı, kahvaltı sonrası kahve keyfi, ikindi çayı yanına kekler, poğaçalar, börekler, akşam yemeği derken tüm günü yemek yerken bitirdiğimi biliyorum.☺ Normal şartlarda bir insanın doyduğunda yemeye devam etmemesi gerekir. İşte bu davranış da Batık Maliyet Yanılgısı'nın bir bedelidir. Bu bedeli belki de çoğumuz orta boy bir servis tabağına beş kişilik yiyecek sığdırarak ve oburca tıkınarak ödüyoruz.

Bu yanılgı, hayatı körü körüne yaşamamıza, mutsuz evlilikler yapmamıza, eğitimden sağlığa birçok konuda gelecek vaat etmeyen hatta zararı katlanarak devam eden davranışlar sergilememize, ülkeler arası savaşlara neden olabiliyor. Kıbrıs'ta bulunduğum süre içerisinde bir arkadaşımın kazıkazan ile başlayan ve sonu kumar bağımlılığına giden yaşantısına şahit olmuştum. Her seferinde kaybettiği halde, kaybettiği o parasını kurtarabilmek için son oyunda tüm varlığını masaya bıraktığını hatırlıyorum. Dahası, tüm varlığını geri kazanmak umuduyla da borç bularak bir o kadar miktarı masaya koyduğunu ve yine kaybettiğini, iki kere battığını biliyorum. İnsanın nerede dur diyeceğini, vazgeçmesi gereken noktayı bilmesi öyle önemli ki.

Nasıl akıllıca bir karar verebiliriz? Geçmişin izlerine göre mi yoksa gelecekte edinmeyi umduğumuz faydalara göre mi?

Bir savaşta olduğunuzu düşünün. Çok fazla sayıda kaybınız var ancak savaşta artık galip gelme şansınız neredeyse yüzde yüz. Ve barış yapma şansınız da var. Hangisini seçerdiniz? Çok fazla kayıp verdiğiniz için üstün durumdayken düşmanı yok etmeyi ama o sırada yine kayıplar vermeyi mi yoksa barışı sağlamayı mı? Kuzey İrlanda, IRA ile yıllar süren mücadelesi ve verdiği binlerce kayıp sonrası barış için referanduma gittiğinde bazı milletvekilleri "çok kayıp verdikleri gerekçesiyle" barış için "hayır" oyu kullanmıştı. Bu milletvekilleri, 25 yılı aşkın süren bu savaşı "evet" ile bitirmek varken, neden daha fazla kayıp anlamına gelen "hayır" oyunu kullandılar?

Buradan şu sonucu çıkarabiliyoruz: Elindeki seçenekleri mevcut durumun gerekliliklerine göre değil de geçmişteki kararlara göre değerlendirmek kişiyi batık maliyet tuzağına düşürebiliyor.

Bazı durumlarda zararın neresinden dönülse kârdır. Bazı durumlar diyorum çünkü her zaman istisnalar mevcuttur. Vazgeçmek, yarıda bırakmak her zaman makul seçenek olmayabiliyor. Öyle olsaydı eğer zaten yedi engelli çocuğu ve alkolik bir kocası olan bir anne bu mantıkla Beethoven'i dünyaya getirmezdi, değil mi?

Bu yanılgı üzerine birçok araştırma yapıldı. Örneğin, bir araştırmada üç grup deneğe, üç farklı fiyattan –birinci gruba 15 dolardan, ikinci gruba 2 dolardan, üçüncü gruba ise 7 dolardan– olacak şekilde sezonluk sinema bileti satıldı. Sezon sonunda ucuz bilet alan denekler, pahalı bilet alanlara oranla daha az sayıda filme gitmişlerdi. Tahmin edersiniz ki en fazla sayıda filmi 15 dolar ödeyen grup izlemişti. İşyerinde bir arkadaşım bir türlü spora başlayamıyordu. Başlamak için kendine yukarıdaki örneğe benzer bir yol bulmuştu: "Ya abi, bir türlü spor yapamıyorum. En azından gideyim pahalı bir spor salonuna yazılayım da, belki o zaman giderim."

Bir de kitapseverlerin düştüğü bir durum vardır, bunlara benzer. Yine bir ara takipçilerimden biri tarafından, bana ilginç gelen, şöyle bir mesaj almıştım: "Ne olur yardım edin, X yazarının Y kitabını aldım ama okunacak gibi değil. Bunu nasıl bitirebilirim, akıl verir misiniz?" Hayır, ben nasıl bir yardımda bulunabilirim ki? "Bir sayfasını siz okuyun bir sayfasını ben, zaman içinde bitiririz inşallah" da diyemeyeceğime göre, çok daha mantıklı bir öneride bulundum.

"Hanımefendi, bahsettiğiniz yazarın dili biraz ağırdır. Eğer hiç zevk almıyorsanız ve size bir şey katmadığını düşünüyorsanız kitabı yarıda bırakmanızı tavsiye ederim" dedim ve aramızda kalsın, kendi kitabımı önerdim. Ama beğendi mi bilmiyorum, en son baktığımda engellemişti beni.☺

İşin şakası, sinemaya gidip hiç sevmediğiniz bir filmi sırf bilete o kadar para verdim diye izlemek zorunda hissetmeyin kendinizi. Bu düpedüz işkencedir. Aynı şekilde tek sayfasını bile iki günde sıkıla sıkıla okuduğunuz bir kitabı sırf "Zaten yarısına geldim" ya da "Şu kadar parayı boşuna mı verdim?" mantığı yüzünden bitirmek zorunda kalmayın. Bazen hatalarımızı kabullenmek bizi özgürleştirir. Hata yapmayı dünyanın sonuymuş gibi gören insanlar, içinde bulundukları çıkmaz durumları kabullenmek yerine, her şeyin daha iyiye gideceğini umut ederek sürdürmeyi tercih ediyorlar.

Bize acı veren bir ilişkiyi bitirmemiz ya da hep zararda olduğumuz bir işi sonlandırmamız bazen yıllar alır. Bunu başardıktan sonra da nasıl olur da kendimizi bu kadar zora soktuğumuzu düşünür dururuz. "Ne kadar safmışım" der, kendimizi avutma yoluna gideriz. Tüm bu süreçleri kumara benzetecek olursak; harcanan zamanımız, ilişkimiz için verdiğimiz mücadeleler, karşı karşıya kaldığımız zorlukların hepsi bu kumarın bir parçasıdır. Ve bazen tek yapmamız gereken "Benden bu kadar!" deyip masadan kalkabilmektir. Ancak önceki kararlarımız, fedakârlıklarımız, daha iyiye olan istencimiz, o anki şartları iyi okuyamamamız, idrak eksiğimiz gibi konular buna engel oluyor ve kendimize şans veriyoruz: "Son bir el daha!"

Halbuki *Ahlat Ağacı* filminde geçen bir replik durumu gayet iyi özetliyor: "Vaktinde firar, zaferdir!"

Fırtına Testi

Bir yere yetişmek üzere yolda yürürken kuvvetli bir fırtınaya yakalandınız. Aniden sağanak yağmur bastırdı. Gideceğiniz yere koşarak beş dakika uzaklıktasınız. Aşağıdakilerden hangisini seçersiniz?

a. Büyük bir ağaç bulup altına geçer, yağmurun dinmesini beklerim.

b. Yağmurun ne kadar süreceği belli olmaz. Bu nedenle gideceğim yere kadar koşarım.

c. Şemsiye satın alabileceğim bir yer ya da şemsiyesini paylaşabileceğim birisi var mı diye bakınırım.

d. Çantamda daima bir şemsiye bulunur, onu kullanırım.

(Cevaplar kitabın sonunda.)

“Önce biraz ağladılar,
ama alıştılar şimdi.
Aşağılık insanoğlu her şeye alışır!”
– Dostoyevski

Sonsuz mutluluk var mı? Peki, acı ne kadar sürer?

İstanbul'da yeni yıla girmek ayrı bir güzel oluyor dostlar. Yılbaşının yaklaştığını da Eminönü'ndeki Nimet Abla gişesindeki yüzlerce metrelik milli piyango bileti kuyruğundan anlıyorum en çok. Şehir dışından, yüzlerce kilometrelik mesafelerden bile bilet almaya gelenler oluyor.

Büyük ikramiyeyi kazananlara talihli denmesi de ayrı bir muammadır aslında. Biliyorum birçoğunuz bilet alıyorsunuz belki ama kötü haberi vereyim: Yapılan araştırmalar büyük ikramiye kazananların, en fazla birkaç ay süren mutlu yaşamlarından sonra, başlangıçtaki mutluluk seviyelerine geri geldiğini gösteriyor. Yani piyangodan 50 trilyon da kazansanız, belli bir süre sonra bugünkünden daha mutlu olmayacaksınız. Nedeni ise gayet açık: “Hedonik Uyum” olgusu.

Bizler ruhsal ve fiziksel değişikliklere uyum sağlamakta inanılmaz derecede yetenekliyizdir. Ankara'nın ayazında bir sabah burnumu yerinde bulamama korkusuyla kendimi bir kıraathaneye attığımı hatırlıyorum. Soğuktan kaçış ve yanan sobanın çatırtısı, duyularımı geri kazanana kadar gayet iyiydi. Fakat bir süre sonra sıcağa uyum sağladığımda, dibine kadar yanaştığım soba bana rahatsızlık vermeye, terletmeye başlamıştı. Gerçi bu İkizler burcu olmamla alakalı da olabilir, bilmiyorum.☺

Bizleri otuzumuzda alıp suçsuz yere hapishaneye tıksalar, birkaç gün sonra yerimize alışır, yadsımayız. Ve bir on yıl yattıktan sonra dışarı salıverilsek, yattığımız o yeri üç günde unuturuz. İnsanın alışamayacağı şey yok inanın.

Karanlık bir ortamdan aydınlığa ya da tam tersi aydınlık bir ortamdan karanlığa geçince gözlerimizin ışığa alışması sürecini hepiniz deneyimlemişsinizdir. Ya da çalışma odasına girdiğinizde, "Gençler, Allah'ını seven bir cam açsın! Bu koku da ne!" nidalarından sonra, o ağır kokuyu belli bir süre sonra hissetmediğiniz olmuştur illa ki. İşte bunlar gibi fizyolojik uyum sağlamanın psikolojik versiyonu da mevcut elbet.

"Hedonik Uyum" dediğimiz bu durum insanların karşılaştığı olumlu ya da olumsuz durumlara adapte olması halidir. Başlangıçta büyük haz aldığımız herhangi bir nesne, ilişki ya da bir olay zamanla aynı hazzı vermemeye başlar ve bir süre sonra da mutlu etmemeye başlar ve bu olay hiç yaşanmamış gibi en baştaki mutluluk seviyemize geri döneriz. Yine benzer şekilde, ilk yaşandığında büyük acı veren bir olayı zamanla aynı acı ile karşılamayız ve bir süre sonra bizi ilk andaki kadar üzmemeye başlar, hatta bazen de unuturuz.

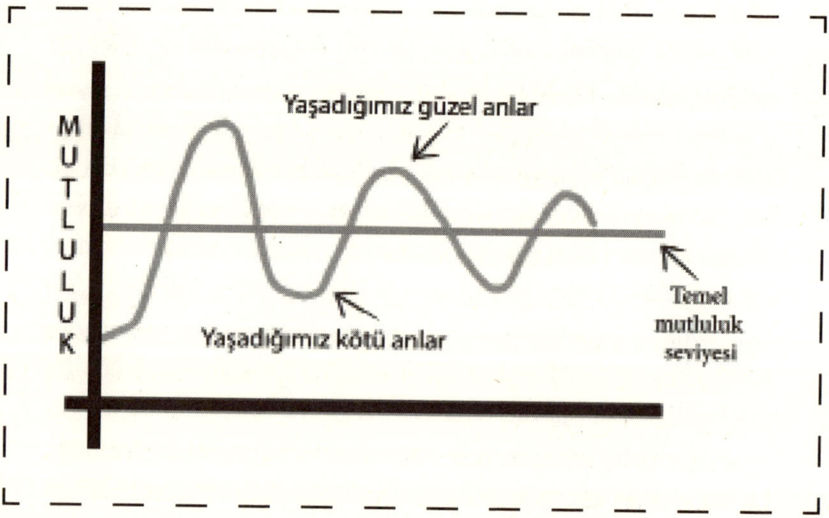

Yukarıdaki grafikte de görebileceğiniz gibi, bazı koşullara verilen tepkiler değişiklik gösterse de bir süre sonra normatif duruma geri dönülmektedir.

Hepimizin temel mutluluk seviyesi az çok birbirine benzer seviyede ve sabittir. Yaşadığımız olaylar elbette bu seviyeyi azaltıyor ya da artırıyor. Temel çizgi modeline göre, her yetişkin birey, birbirinden farklı düzeyde ancak istikrarlı bir öznel iyi olma düzeyine sahiptir. Bu düzey:

- Kişilik özelliklerine
- Kalıtsal özelliklere ve
- Yaşamın ilk dönemine ait diğer bazı etmenlere bağlıdır.

Yaşadığımız önemli olaylar bu çizgiden sapmalara neden olabilir ancak etkileri çoğunlukla geçicidir ve bir süre sonra bireyler önceki durumlarına dönebilir. En büyük yanılgımız, yaşadığımız bu önemli olayların mutluluğumuz üzerinde oluşturacağı etkiyi az çok tahmin etmemize karşın bu etkinin süresini hesaba katmamamızdır.

İnsanın genetik olarak belirlenen bir mutluluk eşiğinin olması sebebiyle, birey karşılaştığı birçok durumda; büyük ikramiye kazansa da, yıllardır hayalini kurduğu evi ya da arabayı alsa da; ya da eşinden boşansa, büyük bir hastalık geçirse de bir süre sonra mutluluk seviyesi kendi normlarına geri döner. Hiçbir şey olmamış gibi yaşamaya devam eder kişi.

Brickman ve arkadaşları tarafından ortaya atılan bu model kapsamında yaptıkları bir çalışma hedonik döngü kavramına iyi bir örnek teşkil eder. Araştırmacılar, yapılan çalışmalarda piyangoda büyük ikramiye kazananların daha mutlu kişiler olmadığını ortaya koymuştur. Ağır kaza geçirmiş kimselerin de, bir süre sonra kaza geçirmemiş olanlardan daha az mutlu olmadıkları sonucuna varılmıştır. Olaylar iyi de olsa, kötü de olsa bir şekilde duruma uyum sağlamaktadır insanlar.

Ayrıca, Allman'in yaptığı bir çalışma da tekerlekli sandalyeye bağlı kişilerin, engelli olmayan bireyler kadar mutlu olduklarını doğrulamıştır.

Silver, 1982 yılında yaptığı bir araştırmada, omurilik felci geçiren kişileri 8 hafta süreyle izlemiştir. Geçirilen felçten bir hafta sonra olumsuz duyguların, olumlu duygulardan daha fazla olduğunu gözlemlemiştir. Yedi hafta sonra olumsuz duyguların azalmaya başladığını ve mutluluğun arttığını da gözlemlemiştir. Sekizinci haftadan itibaren olumlu duygular, olumsuz duygulardan daha belirgin olarak yaşanmaya başlamıştır. Her ne kadar bu çalışma öncesinde, katılımcıların öznel iyi olma durumları hakkında bilgi sahibi olunmasa da, felç sonrası bireyin olumsuz duygulardan olumlu duygulara geçişi ile ilgili önemli bilgiler vermektedir.

Tüm bu çalışmalar, kişinin duygusal sisteminin mevcut yaşam koşullarına ayak uydurduğunu gösteriyor. Ayrıca mutluluk ve mutsuzluğun aslında yaşamlarımızdaki değişimlere verdiğimiz kısa süreli tepkiler olduğunu görüyoruz. Hal böyleyken sonsuz mutluluk ya da acıdan bahsetmek çok da yerinde bir yaklaşım değilmiş gibi görünüyor. Bu konudaki çalışmaları ile ünlü iki psikolog Philip Brickman ve Donald Campbell, insanlardaki mutluluk arayışının boşuna olduğunu şöyle dile getirmişler:

"Dış dünyada mutluluk ve haz arayışına çıktığımız her zaman
aslında hamster çarkına girmiş oluyoruz.
Sahip olduğumuz bir şeyin, örneğin paranın ya da makamın
daha fazlasını elde ettiğimizde, önce kendimizi
mutlu hissediyoruz ancak
çok kısa süre sonra elde ettiğimize alışmaya başlıyoruz."

Anladığımız üzere:

- Mutluluğun bir bölümü genetik. Dolayısıyla temel mutluluk seviyesi dediğimiz eşiğin tamamen kontrolümüzde olması mümkün değil.
- Kişilik özelliklerimiz de bu seviyeyi belirlemede önemli bir rol oynuyor. Örneğin, dışadönük kişilerin, içedönüklerle karşılaştırıldığında daha mutlu olduğunu söyleyebiliriz. Ayrıca duygusal dengesizlik yaşayan bireylerin de mutluluk seviyelerinin düşük olduğunu biliyoruz. Nereden biliyoruz derseniz, bizzat kendimden.☺
- Sosyal ilişkiler de mutluluk seviyesini belirlemede önemli bir faktör olarak çıkıyor karşımıza. Tatmin edici arkadaş ilişkileri, aile ilişkileri, romantik ilişkiler yaşamak mutluluk seviyemizi etkileyen önemli faktörlerden.
- Maddiyatın da bir yere kadar mutluluğu etkilediğini görüyoruz. Ancak belli bir gelir seviyesinden sonra sahip olunan maddiyatın mutluluk seviyemizi etkilemediği bilimsel bir gerçek.

Duygu durumlarımız sürekli değişkenlik gösterir. Ancak uzun döneme bakıldığında Albert Camus'nün *Yabancı* kitabında yazdığı gibidir biraz da:

"Zaten anacığım da böyle düşünür ve sık sık:
'İnsan eninde sonunda her şeye alışır' der dururdu."

"Uzak ve imkânsız gözüken bir şey, bir anda yakın ve mümkün olabilir."

– Lev Nikolayeviç Tolstoy

İmkânsız yoktur. Sen, gerçekten istemeyi biliyor musun?

A4 deyince aklınıza ilk ne geliyor?

Büyük düşünün. Kâğıt mı, lüks bir araba mı?☺

Sanırım bir Çin atasözüydü, denk gelmiştim bir yerde: "Tanrı der ki insanlara, çalışın, arayın, ta ki beni bulana kadar." İmkânsızı mı deneyin diyordu yani? Ben imkânsıza inanmıyorum. Tüm kalbimle inanıyorum ki: Allah, imkânsızı mümkün kılar. Ve biliyorum ki Tekvir Suresi 29. ayette buyurduğu gibi: *"Âlemlerin Rabb'i olan Allah dilemedikçe siz dileyemezsiniz."* Niyetim temiz, inancım tam olduktan, elimden gelen çabayı gösterdikten sonra her şeyi başarabilirim, biliyorum. Ve hedeflediğim yolda ne zaman yol ayrımlarıyla baş başa kalsam, kararsızlığa ve umutsuzluğa kapılsam kendime şunu hatırlatıyorum:

"O, beni yaratan ve bana doğru yolu gösterendir." Böylece biliyorum ki; beni yaratan yolumu da elbet gösterir.

Benim gözümde imkânsız denilen şey gerçekleşme olasılığı diğerlerine göre daha düşük olandır. Çoğu zaman imkânsız gibi görünene ulaşmayı deniyorum bu nedenle. Çünkü imkânsızı ararken her şeye gücümün yettiğini hissediyorum. Eğer insan bir şeyin imkânsız olduğuna inandırırsa kendisini, beyin o şeyin neden imkânsız olduğunu ispatlamak üzere harekete geçer. Hayalini kuramadığın, olasılığına inanmadığın her şey imkânsız adını alır böylece. Aksine, bir şeyin olabilirliğine tüm kalbinizle inandığınızda, beyin onu gerçekleştirmek adına çözümler üretmeye başlar ve tüm evren size yardım etmek için işbirliği yapar.

Bir idam mahkûmuna son isteğini sormuşlar.

Mahkûm, "Padişahın atına bir yıl içinde Arapça öğretmek istiyorum" demiş.

"İmkânsız bu! Padişahın atı da olsa, ata hiç Arapça öğretilir mi?" diye gürlemişler.

"Size ne?" demiş mahkûm. "Son isteğim budur!"

Durumu padişaha arz etmişler. Padişah razı olmuş: "Öğretsin de görelim!" demiş.

Atı, idam mahkûmunun yanına getirmişler. Mahkûmlardan biri yanaşıp, "Bu işte bir iş var. At hiç Arapça öğrenir mi?" demiş.

İdam mahkûmu parmağını ağzına götürmüş: "Sus, sus, konuşma, dört ihtimal var. Göreceğiz artık!" diyerek ihtimalleri sıralamaya başlamış: "Ya padişah ölür, ya ben ecelimle ölürüm, ya da at ölür!"

Diğer mahkûm, "Ya dördüncü ihtimal?" diye sormuş merakla.

Adam, "Ya da at Arapça öğrenir! Daha bir yıl var, kim öle kim kala!" diye karşılık vermiş.

Tamam, elbette size ata Arapça öğretin, uçmayı öğrenin, suyun üstünde yürüyün demiyorum. Ama tarih çoğu zaman göstermiştir ki başarılı insanlar her zaman imkânsızı ya da mükemmeli kovalayanlar olmuştur. Başarı kişiden kişiye değişkenlik gösteren bir kavramdır. Benim için mükemmel olan bir şey sizin için vasat görünebilir ya da bir kişi için başarılması imkânsız olan bir durum bir başkasının sadece biraz zamanını alır. Nihayetinde bu kovalamaca hiç bitmeyen bir deneyimdir. Mükemmellik ya da imkânsız ulaşılabilir bir kavram değildir; çünkü sürekli bir yolculuktur bu arayış. Ancak bu uğurda çabalamak, üstün bir başarının da tek yoludur.

"Çömez yakınıyormuş:
Bize öyküler anlatıyorsun ama anlamlarını açmıyorsun.
Usta yanıt vermiş:
Biri sana meyveyi çiğneyerek ikram etse
hoşuna gider miydi?"

– Paul Brunton

Yirmi bir:

Terk eden sevgiliyi unutmak için yeterli olan sayı mı?

Yirmi bir sayısı size ne ifade ediyor? Alejandro González Iñárritu'nun yönetmenliğini yaptığı, Sean Penn, Benicio Del Toro ve Naomi Watts gibi isimleri oyuncu kadrosunda barındıran, zaman geçişleri ile dikkati çeken 2004 yapımı filmi mi? (Bu arada, kesin izleyin derim.) Kumarhanelerin gözde oyunlarından Black Jack 21'i mi? 60 ay vade ile çektiğiniz kredinin kalan taksit sayısını mı yoksa?

Vakti zamanında bir eğitime katılmıştım. Rakamlar havalarda uçuşuyordu. 21 gün kuralı, 10.000 saat kuralı... Yeni bir alışkanlık edinmek veya kötü bir alışkanlıktan kurtulmak için 21 günün yeterli olduğundan bahsetmişlerdi bir ara. Dersten çıkınca mantığıma sığmayan şu olayı bir araştırayım dedim. Hayatımızdaki derin yaralar bırakan bazı olaylar, kayıplar, değişimler... Bunlara alışmak için 21 gün az değil miydi? İnsan öyle olaylar ile yüz yüze geliyor ki bazen, çocukken bisikletten düşüp kanattığın dizinin acısına alışmak gibi kolay olmuyor.

Neydi bu 21 gün kuralı efsanesi peki? Plastik cerrah Maxwell Maltz tarafından ortaya atılan bir iddiadan başka bir şey değildi. Dr. Maltz, hastaları üzerinde yaptığı gözlemler vasıtasıyla bu fikre ulaşmıştı. Örneğin kol, bacak vb. bir uzvu kesilen bir hastanın yeni durumuna alışması için yaklaşık 21 gün geçtiğini, bu süre boyunca hastanın hayali olarak kesilen uzvunu varmış gibi algıladığını gözlemledi. Aynı şekilde, bir burun ameliyatı sonrası hastanın yeni yüzünü görmeye alışması yaklaşık 21 gün sürüyordu. Maltz'ın, bu uyum sürecinin tüm davranışlar için geçerli olabileceğine dair düşünceleri şu şekildeydi: "Bu ve bunun gibi genel olarak gözlenen birçok olay, eski bir zihinsel görüntünün çözülmesinin ve yenisinin zihinde oluşması için *yaklaşık en az 21 gün* geçmesi gerektiğini göstermektedir."

Doktor, *Psycho-Cybernetics* adlı bir kitapta bu genelleme ile alakalı düşüncelerini ve çalışmalarını yazdı. İlginçtir, kitap 30 milyondan fazla satışı ile ABD'de "En Çok Satanlar" listesinde yerini aldı. Allah bir kere yürü ya kulum diyecek ya, kitabın yayımlanmasının ardından Tony Robbins, Zig Ziglar gibi hatırı sayılır birçok "Kişisel Gelişim" uzmanı tarafından fikirleri destek gördü. Ancak Maltz'ın sarf ettiği "yaklaşık en az 21 gün" ifadesi "Beyinde yeni bir alışkanlık oluşturmak tam 21 gün sürüyor" ifadesi ile yer değiştirdi.

Sorun şu ki: Dr. Maltz'ın görüşleri zaten bilimsel bulgulara dayanmıyordu ve kitabında sadece çevresinde gözlemlediği kısıtlı durumlara yer vermişti. Bilirsiniz, toplum olarak efsanevi şeylere inanmaya bayılırız. Bir şey çoğunluk tarafından yeterince kez söylenince, herkes söylenene inanmaya başlar.

Yeni bir alışkanlık kazanmanın ne kadar süreceğine dair size, University College London'da bir sağlık psikolojisi araştırmacısı olan Phillippa Lally tarafından yapılan daha makul bir bilimsel çalışmayı anlatayım.

Lally, 12 hafta sürecek olan çalışmasında, deneye dahil ettiği 96 kişinin "her öğle yemeğinde bir şişe su içmek", "akşam yemeği öncesinde 15 dakika koşmak" gibi çeşitli alışkanlıklar seçmesini istedi. Denekler her gün seçtikleri davranışa uyup uymadıklarını, bu süreçte ne hissettiklerini ve davranışın kendilerinde tahminen ne zaman otomatik bir hal aldığını her gün bildirdiler.

12 hafta sonunda Lally'nin çalışmasında şöyle bir sonuç çıkmıştı: Yeni bir alışkanlık oluşturmak 18 günden 254 güne kadar sürüyordu. Ortalamaya vurmak durumunda ise bulunan süre 66 gündü. Yani iki aydan fazla.

Tüm bunlardan kendimize ne çıkarmalıyız dersiniz? Öncelikle herhangi bir alışkanlığı edinme sürecinde 21 gün gibi kısa bir sürede istediğinizi elde edemezseniz hayal kırıklığına uğramamanız gerekir. Zaten bahsettiğim ilk araştırmada bile alışkanlık edinmenin 21 günden daha uzun sürmesi gerekiyor. Ayrıca alışkanlık kazanmak bir olay değil, bir süreçtir. 21, 66 ya da her neyse, herhangi bir zaman dilimine bağlı kalmaksızın bu süreci kucaklamak ve bağlılık önemli bir faktör. Çünkü "21 günde işlem tamam" gibi bir düşünce, edinmek istediğiniz alışkanlığı olduğundan daha önemsiz görmenize neden olabilir. Ve kendinize belirlediğiniz bu net süre içerisinde istediğinizi elde edememeniz hayal kırıklığı ve motivasyon kaybına neden olur.

Ayrıca bu süreç içerisinde ara ara hatalar yapabilir, başarısızlığa uğrayabilirsiniz. Bu olumsuzlukların uzun vadeli alışkanlıklarınız üzerinde ölçülebilir bir etkisi yoktur. Hata yapmak için kendinize izin vermelisiniz. Unutmayın, mükemmel olmak zorunda değilsiniz.

Kesin zaman diye bir başarı noktası olamayacağı gibi, bu süre birçok faktöre bağlıdır. Unutmamamız gereken tek katalizör şu ihtimaldir: "Bazı alışkanlıkların edinimi umduğumuzdan daha uzun zaman alabilir." Bu düşünce ile yola koyulmak beklentilerinizi yönetmenizi kolaylaştıracaktır.

Yukarıda bahsettiğim eğitimde bir de dediğim gibi 10.000 saat kuralı üzerinde bayağı bir durmuştuk. Alışkanlıkların edinilmesinden ziyade, belli bir konuda uzmanlık seviyesine gelmek için gerekli süreymiş bu rakam da. İlk kez İsveçli bir psikolog tarafından iddia edilen ve sonrasında Malcolm Gladwell'in *Outliers*'ında üne kavuşan "10.000 saat kuralı", fevkalade bir yeteneğin geliştirilebilmesi için en az 10.000 saat pratik yapmak gerektirdiğini belirtiyor.

Bu tarz "cherry-picking" (seçili olaylar ile) psuedo-science yani bilimsel temelleri olmayan çalışmalar ile elde edilen veriler yarardan öte zarar da verebilir.

Örneğin, bir konu üzerinde yeteneği olmayan bir insan, o konu ile ilgili eğitim almadan, o konuya ilgi duymadan 10.000 saat değil 50.000 saat pratik yapsa da bir verim alamaz. Verimden kastımız o konunun kompetanı olmak anlamında. Elbet belli bir sayıda yapılan tekrar bir hafıza yaratacaktır. Sporcu ve müzisyenlerin performanslarını dikkatle izlerseniz, hareketleri artık düşünmeden yaptıklarını, bunların refleks haline geldiğini gözlemlersiniz. Başarılı bir piyanist bir parçayı çalarken parmaklarını hangi tuşlar üzerinde gezdirmesi gerektiğini düşünmeden çalmaya devam edebilir. Bu kas hafızasıdır ve başarı için tek başına bir işe yaramayabilir. Uygulama, başarı için tek koşul değildir. 30 yıl boyunca bilardo oynayabilirsiniz ama bu bir usta olacağınız anlamına gelmez.

Elbette bu durum bir yerden başlamak gerçeğini değiştirmez. Ancak, doğal yeteneğin ortaya çıkarılması için bir zaman yatırımına ihtiyaç vardır öncelikle. Yeteneğin belirlenmesi ile birlikte birçok faktör başarı için katkı sağlayabilir. Konuya duyulan ilgi, merak; kişinin bu konuda takdir edilme, bir şeyleri başarma isteği; pes etmeme gibi özellikler yüzlerce saate bedel olabilir.

10 bin saat kuralı tamamen safsata diyemem. Bu kuralı iyi anlamak önemli diyebilirim. Kuralı destekleyebilecek bir alıntıya kulak verelim mi? Dünyanın en iyi basketbolcularından Micha-

el Jordan bu kuralı cümleleriyle desteklerken tek başına yeterli olmayacağını da bize söylüyor aslında: "Kariyerim boyunca 9000'den fazla başarısız atış yaptım, 300'den fazla oyun kaybettim, 26 kez oyun kazandıracak atışı ıskaladım. Çabaladıkça başarısız oldum, başarısız oldukça çabaladım. İşte başarımın sırrı..."

Kimisi için bu süre 8 bin saat, kimi için 13 bin saat olsa da bu kadar süre ile yapılan çalışmaların tek başına işe yaramayacağı ve aşağıdaki şartların da elzem olduğu aşikâr.

- Yetenek-Hedefi olma
- Sabır/İnanç-Disiplin/Plan
- Yoğunlaşabilme-Kusursuz ilgi
- Deneyimleme-Şans

Evet, şans da önemli bir faktör. Başarılı olan insanlara bir bakın. Hepsi şansa inanır ama işlerini asla şansa bırakmazlar. Bu hususları barındırmayan binlerce saatlik çalışmalar, rasgele uygulanan pratikler çöle su vermekten öteye geçmez.

Yaptığım bunca iyilik boşuna mı diye şüphe ediyorsan:

"İman edip, salih amel işleyenler var ya,
Rahman (olan Allah) onları (gönüllere) sevdirecektir."
- Meryem Suresi, 96. Ayet

Uzanacak bir yardım eli yok sanıyorsan:

*"Şüphesiz peygamberlerimize ve iman edenlere,
hem dünya hayatında,
hem şahitlerin şahitlik edecekleri günde yardım ederiz."*
- Mü'min Suresi, 51. Ayet

*"Ey iman edenler! Eğer siz Allah'a yardım ederseniz
(emrini tutar, dinini uygularsanız),
O da size yardım eder ve ayaklarınızı sağlam bastırır."*
- Muhammed Suresi, 7. Ayet

Bu dünyada güvenecek birilerini arıyorsan:

*"De ki: Bizim başımıza ancak,
Allah'ın bizim için yazdığı şeyler gelir.
O, bizim yardımcımızdır.
Öyleyse müminler, yalnız Allah'a güvensinler."*
- Tevbe Suresi, 51. Ayet

"Eğer müminler iseniz ancak Allah'a güvenin."
- Maide Suresi, 23. Ayet

Zor zamanlardan geçiyorsan:

"Şüphesiz güçlükle beraber bir kolaylık vardır."

\- İnşirah Suresi, 6. Ayet

Zor zamanlarında öğüt verecek birini arıyorsan:

"Kuran, ancak aranızda doğru yola girmeyi dileyene ve âlemlere bir öğüttür."

\- Tekvir Suresi, 27-28. Ayet

Zaman zaman ümitsizliğe kapılıyorsan:

"De ki: Ey kendilerinin aleyhine aşırı giden kullarım! Allah'ın rahmetinden ümidinizi kesmeyin. Şüphesiz Allah, bütün günahları affeder. Çünkü O, çok bağışlayandır, çok merhamet edendir."

\- Zümer Suresi, 53. Ayet

Huzursuz hissediyorsan:

"Onlar, inananlar ve kalpleri Allah'ı anmakla huzura kavuşanlardır. Biliniz ki, kalpler ancak Allah'ı anmakla huzur bulur."

\- Ra'd Suresi, 28. Ayet

Yaşam bazen çekilmez bir hal alıyor, katlanamayacak gibi oluyorsan:

"Ey iman edenler! Sabrederek ve namaz kılarak Allah'tan yardım dileyin. Şüphe yok ki, Allah sabredenlerle beraberdir."

\- Bakara Suresi, 153. Ayet

Mütevazı olduğun için ara ara üzülüyor, pişmanlık duyuyorsan:

"Yeryüzünde böbürlenerek yürüme. Çünkü sen yeri asla yaramazsın, boyca da dağlara asla erişemezsin."

- İsra Suresi, 37. Ayet

Nasıl iyilik yapmalıyım diye kendine soruyorsan:

"İyiliği, daha fazlasını bekleyerek (bir kazanç elde etmek için) yapma."

- Müddessir Suresi, 6. Ayet

"Sevdiğiniz şeylerden Allah yolunda harcamadıkça iyiliğe asla erişemezsiniz. Her ne harcarsanız Allah onu bilir."

- Âli İmran Suresi, 92. Ayet

İnsanları incitmekten çekinmiyorsan:

"Güzel bir söz ve bağışlama,
peşinden gönül kırma gelen bir sadakadan daha hayırlıdır.
Allah, her bakımdan sınırsız zengindir,
halimdir (hemen cezalandırmaz, mühlet verir)."

- Bakara Suresi, 263. Ayet

Nankörlük etmekten çekinmiyorsan:

"Öyle ise siz beni (ibadetle) anın ki ben de sizi anayım.
Bana şükredin; sakın bana nankörlük etmeyin!"

- Bakara Suresi, 152. Ayet

*

Şükretmek zor geliyorsa:

"Eğer siz iman eder ve şükrederseniz, Allah size neden azap etsin! Allah şükre karşılık veren ve her şeyi bilendir."

- Nisa Suresi, 147. Ayet

Günahlarından korkuyorsan:

"Ey iman edenler! Samimi bir tövbe ile Allah'a dönün. Umulur ki Rabb'iniz sizin kötülüklerinizi örter."

- Tahrim Suresi, 8. Ayet

İnsanlara karşı önyargılı ve peşin hüküm sahibiysen:

"Ey inananlar! Size yoldan sapmış birisi, bir haber getirirse onun doğruluğunu araştırın! Yoksa bilmeyerek bir topluluğa karşı kötülük edersiniz de sonra yaptığınıza pişman olursunuz."

- Hucurat Suresi, 6. Ayet

Dünya hayatının hiç bitmeyeceğini sanıyorsan:

"Her nefis ölümü tadacaktır. Sizi bir imtihan olarak hayır ile de şer ile de deniyoruz. Ancak bize döndürüleceksiniz."

- Enbiya Suresi, 35. Ayet

"Sevgi şifadır. Sevgi güçtür.
Sevgi; değişimin mührüdür."
– Hz. Mevlana

Dünyada ne çok sevgisizlik var!

"Sevmek, bir insanı sevmekle başlar her şey..." diyen Sait Faik'e inat yerimizde sayıyoruz. Eskiden giyimleri vasat ama içdünyaları huzurlu insanlar vardı. Oysa şimdilerde herkesin giyimi iyi ama içdünyaları darmadağınık.

Çocukluğumuz, içimizin gizli kalmış kuytularında saklanıyor. Hayat, zafer değil, mücadelenin kendisidir halbuki. Birçok harpten ayrı ayrı zaferle ayrılsak da bir şeyin eksikliğini hep hissediyoruz. Öyle bir mücadele ki bu, dışarıda verdiklerimizden çok daha ürkütücü. Bizi dışarıdan değil içeriden kemiren bir şey...

Hepimizin içinde sevgiye, sevilmeye muhtaç birer çocuk barınıyor. Evet, hâlâ. Kırkında olsan da, yetmişine merdiven dayasan da o çocuk orada bekliyor. Geçenlerde bir film izliyorum. Naziler, Yahudilere saldırıyor. Can havliyle herkes kaçmaya çalışırken, Yahudi bir kadın yolda birini durdurup, "Öleceğim ama bunun birinin farkında olmasını istiyorum..." diyor.

Sevgi eksikliği zaman, mekân dinlemiyor. Aslında az ya da çok hepimizde eksik olan, dile getirmekten, başkasına belli etmekten çekindiğimiz bir his, belki de hissizlik. Sevilmeye olan ihtiyacımız suiistimallere çok açıktır çünkü. Bu nedenle korkarız. Susarız. Dile getirmek için şiirlere, şarkılara tutunuruz. Sevgi eksiği olanların en büyük sorunu sevginin neye benzediğini bilememeleridir aslında. Bu yüzden daha çabuk kanarlar. Bilinmeyene olan özlem insanı yanıltır çünkü.

"Pavlov'un köpekleri"ni bilmeyeniniz yoktur. Bir de "Dostoyevski'nin köpeği" vardır. Sevgisizliğin en acı göstergesi diyebilirim size. Kısaca bahsedeyim.

Dostoyevski, 1849 yılında devlet aleyhindeki birtakım işlere karıştığı iddiasıyla ağabeyi ve arkadaşıyla birlikte tutuklanır. Hapis cezasının ardından ölüm cezasına çarptırılır. Çar I. Nikola'nın sahte infaz oyununun hemen ardından idamdan vazgeçilir ve Dostoyevski dört yıl kürek ve altı yıl adi hapis cezası alır. Bunun ardından da "yeraltına gömülü bir insan" gibi yaşadığını yazdığı Sibirya'daki Omsk Kalesi'ne sürülür. Burada dikkatini bir köpek çeker ve onu bir süre yakından gözlemlemeye başlar.

Yanından geçen her mahkûm, köpeği tekmelemektedir. İşin ilginç yanı, köpek bu duruma fazlasıyla alışmıştır. Mahkûmlardan hiçbir şekilde kaçmadığı gibi, yanına bir mahkûm yaklaştığında eğilerek tekme pozisyonu alır. Dostoyevski bir gün köpeğin yanına gider ve başını okşar. Köpek bir süre tepkisiz kalır, şaşkın şaşkın bakar. Biraz sonra acı acı havlar ve hızla oradan uzaklaşır. Önüne gelen her mahkûmun tekmelediği köpeğin bu tepkisine çok şaşırır yazar. O günden sonra köpek Dostoyevski'yi her görüşünde ondan uzaklaşır ve sürgün yılları boyunca bir daha da yaklaşmaz.

Hiç açlıktan ölen birini duydunuz mu? Ama artık insanlar açlıktan değil, sevgisizlikten ölüyor. Yaşayan ölülere dönüyor. Küçüklüğünden bu yana sevildiği hissettirilmemiş, başı bir kez olsun okşanmamış, takdir edilmemiş insanların önlenemez yazgısı bu.

Sevgi ve şefkat ile yetişmemiş bir çocuk yaptığı her şeyin altında bir suç arar. Yeri geldiğinde takdir edilmekten imtina edilen bir çocukta güçlü bir suçluluk duygusu yer eder. Yaptığı her şeyin ebeveynlerini rahatsız edeceğini düşünür. Bu durum bireyde olumsuz bir benlik algısı oluşturur ve özgüven, özsaygı eksikliğine neden olur. Bu eksiklik, bireyin kendisine olduğu kadar, insanlara karşı da güvensizliğini yaratır. Duyulan bu güvensizlik de kişide iki zıt duygudan birinin ortaya çıkmasına neden olur: Aşağılık ya da Üstünlük Kompleksi.

Aşağılık kompleksi yaşayan bireylerin bilinçaltındaki bozukluklar biraz önce de belirttiğim gibi küçük yaşlara ve daha çok ebeveynlerin tutumuna dayanmaktadır. Belli başlı nedenleri şu şekilde sıralayabilirim:

- Sorumsuz ailelerde büyümek
- Ailesinin sevgisinden mahrum kalmak, düşüncelerine değer verilmemek, kulak verilmemek
- Ailesi tarafından yetersiz görülmek, çevresinde yaşıtları ile sürekli kıyaslanmak ve "Bundan bir şey olmaz!" diye küçümsenmek
- Ailesi tarafından sürekli şiddet görmek
- Arkadaş çevresini yanlış seçmek

Bireydeki aşağılık kompleksinin genel belirtilerini ise şöyle özetleyebilirim:

Sürekli kendini ispat etme çabası, övülmeyi ve takdir edilmeyi beklemek

Kendini aşırı ölçüde önemsemek

Eleştirilere açık olmamak, hatalarını kabul etmemek, başarısızlıklarını başkalarına mal etmek

Kendini toplumdan soyutlama isteği

Karşı tarafı her fırsatta suçlayıcı tavırlar sergilemek ve karşı tarafa zarar verme isteği

Üstünlük kompleksine gelince, birçoğumuzda var bu duygu. Fakat bazıları bunun için inkâr mekanizması geliştirirken bazıları da farkına varmaz bile. Aslında bireyin aşağılık duygusunu inkâr etmek maksadıyla kullandığı bir yoldur bu. Bireyin aşağılık duygusuna bağlı olarak kendini diğer insanlardan daha üstün görme, yüceltme çabasının sonucu baş gösterir. Bireysel psikolojinin öncü ismi Alfred Adler bu duyguyu şu satırlar ile özetliyor: *"Üstünlük kompleksi bireyin kendisi ve başkaları karşısındaki aşırı istekleriyle kendini belli edebilir. Kibirlilik, acayip giyinme, kadınlarda göze batan erkeklik hali ve erkeklerde aşırılığa kaçan kadınlık hali, kendini beğenme, taşkınlık, palavracılık, zalimce davranış, yerme eğilimi, önemli kimselerle dost olma veya zayıflara, hastalara, önemsiz kimselere gıpta etme eğilimi, başkalarını kötülemeye elverişli fikir akımlarına ve önemli düşüncelere fazla düşkünlük dikkati çekebilir."*

Görüldüğü gibi, çocuk yaşlarda gelen sevgisizliğin nerelere vardığını kestirmek oldukça güç. Ancak şu kaçınılmazdır ki küçük yaşlardan beri beslediği kendi ruhunun acısını, sosyal hayata karıştığında çevresindekilerin ruhunu acıtarak dindirmeye çalışır bu bireyler. Daha Freud yokken bir Afrika kabilesi şöyle demiş:

"Köyü tarafından sevilmeyen çocuk,
sonunda o sevgi sıcaklığını hissetmek için köyü yakar."

Osho'nun da sevgisizlik üzerine çok sevdiğim bir tespiti vardır:

"İnsanoğlundaki hasta olan her şey sevgi eksikliği yüzündendir. İnsandaki yanlış olan her şey bir yerde sevgiyle ilgilidir. O sevememiştir yahut sevgiyi almayı başaramamıştır. Varlığını paylaşmayı başaramamıştır. Istırap budur. İçerdeki her çeşit karmaşayı yara-

tan budur. İçerdeki bu yaralar pek çok şekilde yüzeye çıkabilir. Onlar fiziksel hastalık halini alabilirler, onlar zihinsel hastalık halini alabilirler ama derinde insan sevgi eksikliğinden mustariptir."

O kadar mustaribiz ki hem de. Bana toplumun hastalığı için tek bir teşhis koy deseler, "Sevgi Eksikliği" teşhisi koyardım. Çünkü sevgisizlik de kansızlık gibi bir hastalık. Çünkü sevgi eksikliği de vitamin eksikliği gibi zarar veriyor. Üstelik hastalıklar genel itibariyle kendimize zarar vermekle sınırlı iken, sevgisizlik topluma yayılıyor. Zararlı bir virüs gibi. Bu nedenle zorbalığın, suçun, ensestin, tecavüzün nedeni adaletin, denetim mekanizmalarının, disiplinin eksikliği değildir. Hepsinin temelinde bireyden bireye aktarılan sevgi eksikliği vardır.

Bu noksanlık kendisini ikili ilişkilerde de gösterir. Nasıl ki aç bir insan önüne ne konursa yemek zorunda hissederse, sevgiye aç bireyler de ilişkilerinde seçici davranamazlar. Ne aradığını bilemeyen birey daldan dala konar bu nedenle. Charles Bukowski, *Kadınlar* kitabında telafi mekanizmasını nasıl işlettiğini gayet net açıklamış:

"Bu kadar çok kadınla beraber olmak niye?"
"Çocukluğumla ilgili. Sevgi ve şefkat eksikliği.
Yirmili ve otuzlu yaşlarımda da durum pek farklı değildi.
Telafi etmeye çalışıyorum."
"Telafi ettiğini nasıl anlayacaksın?"
"Bana sorarsan bir ömre daha ihtiyaç var."

Sevmek zor zanaat. Sevmek neredeyse imkânsız, çünkü insanları korkutuyor. Çünkü sevmek vazgeçmek demek, ölüm demek bir nevi. Bildiğiniz ölüm değil, daha beteri. Bu yüzden kimse yeltenemiyor buna. Kimse ölmek istemiyor. Seversen egonu terk etmek zorunda kalacaksın. Ego ile sevgi yan yana olamaz çünkü. Eğer seversen, gerçekten seversen kendinle ilgili her şeyi bırakman gerekecek. Sevmek zor zanaat bu yüzden.

Uzun yıllardır evli olan bir çift evlilik terapistine gitmişler. Terapist sorunun ne olduğunu sorar sormaz, kadın içinde ne var ne yok dökmeye başlamış. Gerçi, söylediklerine çoğumuz yabancı değiliz.☺ Vermiş verıştirmiş kocasına: Evde iki yabancı gibiyiz, beni dikkate almıyor, bomboş bir ilişki sürüyoruz. Sevildiğimi hissettirmiyor zerre kadar, sevdiğimden bile emin değilim zaten. Yalnız hissediyorum. Artık sıkıldım, yeter vb. şikâyetler...

Kadını sabırla dinleyen terapist yerinden kalkmış, kadının yanına gitmiş, "Lütfen kalkar mısınız?" demiş ve kadına sıkı sıkı sarılmış, kucaklamış. Kocası, ikisini şaşkınlık içinde izlemiş. Kadın sakinleşmiş, sessizce yerine oturmuş. Terapist ardından kocaya dönmüş: "Bakın beyefendi, onun ihtiyacı olan tek şey aslında bu. Bunu haftada en az üç kez yapabilir miyiz?"

Kocası sırıtmış: "Olur, olur vallahi, pazartesi, salı ve perşembe hanımı getiririm size, ama çarşamba ve cuma zor. Çünkü golf oynuyorum arkadaşlarla..."

Gerçek sevgi olmadan bulutlar vardır, ama yağmur yağdıramazsın. Gerçek sevgi olmadan müzik vardır ama dans edemezsin. Gerçek sevgi olmadan sen varsın ama vücut bulamazsın. Bizim sevgi dediğimiz şey bir icattan, bir uydurmadan başkası değil. Uydurmak zorunda kaldığımız bir yalandan başkası değil. Çiçekler nasıl susuz yaşayamazsa, insanlar da sevgisiz yaşayamaz.

Ego ile sevgi arasında seçim yapmakta zorlanan insan her ikisini de seçme yoluna gitti. Ego ile sevgi yan yana barınamazdı. Bu yüzden yeni bir "sahte sevgi" icat etti insan. Sahte sevgi gösterilerinde bulunup egoyla devam edebildi bu sayede.

İlişkilerimize şöyle bir derinlemesine bakınca sevgiden çok nefret göreceksiniz. Ama bunu kimse fark edemez. Herkesin sahte para kullandığı bir toplumda paranın sahteliği anlaşılamayacağı gibi, herkesin sahte sevgi gösterilerinde bulunduğu bu dönemde gerçek sevgiyi anlamak da o kadar zor.

Sevgi bir aynadır. Karşındakine gösterdiğin sevgi ne kadar gerçek ve temizse ayna da o kadar güzel gösterecektir. Sevgi bu yüzden korku yaratır işte. Çünkü karşındakinde bulacağın kendi yansıman seni hüsrana uğratabilir. Bu yüzden aynalara küser insan, sevgiden kaçar. Sevgi denen maceraya atılacak kadar cesur hissetmez kendini artık.

Ama bu kaçış çözüm değil. Kendinle barışmalısın, karşıda göreceğin yansımaya bir çeşit meydan okumalısın. Kabullenmelisin. İşte o zaman herkesi -eşini, çocuklarını, aileni, komşunu- kucaklayabilirsin. Kendi yansımanı sevmeye başladığın zaman başkalarına şefkat besleyebilirsin ancak.

Kendini seversen diğerleri de seni sever. İnanın hiç kimse kendisine değer vermeyen, kendisini sevmeyen birini sevmez. Sen kendini bile sevemezken başka kim bu riski göze almaya yanaşacak ki?

Kendinizi sevin. Dünyanız güzelleşsin.

Yaş Dal

Eğer bir çocuk kavga ve gürültü içinde yaşarsa, kavgacılık öğrenir. Eğer bir çocuk korku içinde yaşarsa, korkmayı öğrenir.

Eğer bir çocuk daima ona acıyan insanlarla beraber yaşarsa, kendini zavallı hissetmeyi öğrenir.

Eğer bir çocuk kıskançlık içinde yaşarsa, nefret etmeyi öğrenir.

Eğer bir çocuk cesaret ve heyecana değer verilen bir çevrede yaşarsa, kendine güvenmeyi öğrenir.

Eğer bir çocuk övmeyi bilen insanlarla beraber yaşarsa, başkalarını da takdir etmeyi öğrenir.

Eğer bir çocuk sevgi içinde yaşarsa, sevmeyi öğrenir.

Eğer bir çocuk kendini adam yerine koyan bir çevrede yaşarsa, hayatta erişmek için çalışmaya değer bir amacı olmasını öğrenir.

Eğer bir çocuk dürüst hareket eden insanlar içinde yaşarsa, adaletin ne olduğunu öğrenir.

Eğer bir çocuk sözlerine güvenilir insanlar içinde yaşarsa, hakikatin ne olduğunu öğrenir.

Eğer bir çocuk açık kalpli, güler yüzlü ve anlayışlı insanların arasında yaşarsa, dünyanın gerçekten yaşamaya değer güzel bir yer olduğunu öğrenir.

"Galiba babam,
sevgisizlik borcunu bana parayla ödüyordu."
– Yusuf Atılgan

Çocuk gelişiminde sevgi ve şefkat

Harvard Üniversitesi'nde sürdürülen "İnsani Gelişim Programı" kapsamında ebeveynlerin, çocukların büyüme ve gelişme sürecindeki etkileri ile ilgili çeşitli çalışmalar yürütülmüştü. Bu kapsamda anne babaların çocuklarına yaklaşımları iki ana başlık altında değerlendiriliyor.

- Duygusal sıcaklık
- Disiplin seviyesi

Bu iki ölçütün uygulama sıklığına göre ise ebeveyn stilleri aşağıdaki görselde görebileceğiniz şekilde dörde ayrılıyor.

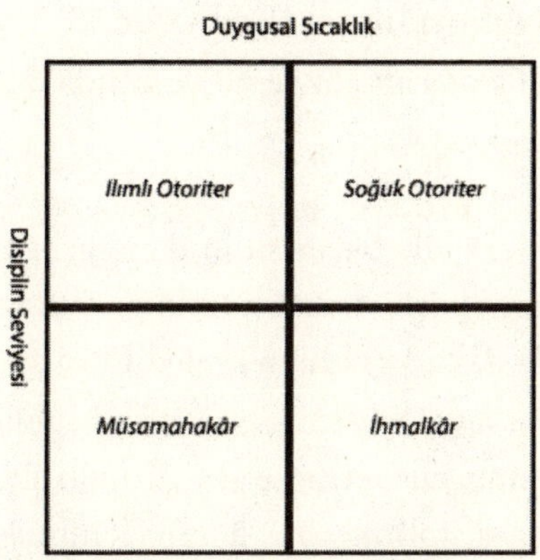

Araştırma sonuçları, *ılımlı otoriter* ebeveyne sahip çocukların gelişiminin en iyi sonuçlarla ilişkili olduğunu, bu çocukların hayatta daha mutlu ve başarılı olduğunu gösteriyor.

Bunu ikinci sırada takip eden yaklaşım ise çocuklarına karşı yüksek duygusal sıcaklık ve düşük disiplin seviyesi uygulayan anne babalardan oluşan *müsamahakâr* yaklaşım.

Üçüncü sırada *soğuk otoriter* yaklaşım yer alırken, son sırada ise *ihmalkâr* ebeveynlik bulunuyordu.

Bu sıralamadan da çıkarılacağı üzere ebeveyn *duygusal sıcaklığı, sevgisi ve şefkati*, çocuğun sağlıklı yetişmesinde disiplin seviyesine oranla daha etkin bir faktör olarak görünüyor. Ayrıca duygusal sıcaklık tek başına incelendiğinde de iyi birer anne baba olmanın en önemli faktörü olduğu tespit ediliyor.

Çocuklar üzerindeki anne baba duygusal sıcaklığının çocuğun ileriki yaşlarında da birçok olumsuzluğu azalttığı gözlemlenmiştir. Şöyle ki, aradaki sevgi, şefkat ve bağa bakılarak ebeveyn-çocuk ilişkisi memnuniyetine dayanan ölçümlere göre, duygusal sıcaklığın çocukta ileriki yaşlarda meydana gelebilecek:

- Yeme bozukluklarını yaklaşık yüzde 70
- Depresyon ihtimalini yaklaşık yüzde 45
- Anksiyeteyi yaklaşık yüzde 40 oranında düşürebildiği belirlenmiştir.

Bu çocuklarda, ifade becerisinin daha gelişmiş olduğu; ayrıca sigara, alkol, uyuşturucu bağımlılığı ihtimalinin de diğer çocuklara oranla daha az olduğu keşfedilmiştir.

Her ne kadar sevgi veya disiplin gibi konuların ölçümünü yapmak kesin sonuçlar vermese de, disiplin ile ilgili kıstaslar içinde uygulanan disiplinin türü hesaba katılmasa da ya da karakter ölçümleri bu sonuçlara dahil edilmese de çocuğun sevgi deneyiminin hayati önem taşıdığı aşikârdır.

Rahibe Theresa yanılıyor olamaz:

"Onlara uçmayı öğreteceksiniz ama sizin gibi uçmayacaklar. Onlara hayal kurmayı öğreteceksiniz ama sizin düşlerinizi görmeyecekler. Onlara yaşamayı öğreteceksiniz ama sizin hayatınızı yaşamayacaklar. Ama her uçuşta, her hayatta, her rüyada, sizin öğrettiğiniz yolun izi kalacak."

Ebeveyn olarak çocukların duygusal gelişimini sağlamak dikkat, özveri ve sabır isteyen bir iştir. Çocuklarda 1-2 yaş arası duyguların temelini atmak için uygun bir zamandır. Bu yaşlarda sünger gibidirler. Ne verirseniz onu almaya hazırdırlar. Bu nedenle duygusal sıcaklığı sağlayabilmek için aşağıdaki adımların dikkatli bir şekilde uygulanması önem arz etmektedir:

- Öncelikle şunu unutmamak gerekiyor, her duygu çocuğun duygusal gelişimi için hayati bir rol oynar. Tüm duyguların tecrübe edilmesi gayet doğal ve gerekli bir süreçtir.
- Çocuğa duygularını bastırmaması, bunları doğru şekilde tanımlaması, kabul etmesi ve yönetmesi gerektiği öğretilmelidir.
- Çocuğunuza öğreteceğiniz temel değerler onun gerçekte kim olduğunu tanımlayacaktır. Çocuğun gerçek kimliği sahip olduğu değerlerin toplamıdır. Bu nedenle küçük yaşlardan itibaren hoşgörü, saygı, sorumluluk, nezaket, özsaygı gibi temel değerleri aşılamak önemlidir.
- Ebeveyn-çocuk ilişkisi; sevgi, şefkat ve güven üzerine kurulmalıdır.
- Çocuğun hatasız bir birey olarak yetişemeyeceğini kabul etmelisiniz. Onlara hata yapma lüksleri olduğu anlatılmalıdır. Hataları kadar başarıların da tanınması önemlidir.
- Çocuğun duygularını rahatça ifade edebileceği bir ortam yaratılmalıdır her zaman. Bir duygu dayatmaya çalışılmamalıdır.

Babam ve Ben

4 Yaş: Babam her şeyi bilir.

5 Yaş: Babam çok şeyi biliyor.

6 Yaş: Benim babam, senin babandan daha çok şey biliyor.

8 Yaş: Babam galiba bazı şeyleri biliyor.

10 Yaş: Babamın gençliğinde her şey çok farklıymış.

12 Yaş: Aslında babam bu konuda hiçbir şey bilmiyor.

14 Yaş: Babamı dinlemeye gerek yok! O, artık tamamen çağdışı.

21 Yaş: Babam mı? O, hiçbir şeyden anlamaz.

25 Yaş: Babam bu konuda az da olsa bir şeyler biliyor. Ama o yaştaki insanın bir şeyler bilmesi zaten normal...

30 Yaş: Bu konuda babamın fikrini alsak iyi olur. Oldukça deneyimli görünüyor.

35 Yaş: Babama sormadan hiçbir şey yapmasam iyi olacak!

40 Yaş: Acaba babam bu konunun üstesinden nasıl gelirdi? Ne kadar akıllı ve deneyimli bir insandı.

50 Yaş: Babamın yanımda olması ve bu konu hakkında fikir vermesini çok isterdim. Onun ne kadar akıllı olduğunu hiç takdir etmemiştim. Oysa ondan çok şey öğrenebilirdim. Meğer babam her şeyi biliyormuş.

“Tanrı bile insanlar hakkındaki hükmünü,
ömürleri sona erdikten sonra veriyor da,
biz âciz insanlar kim oluyoruz ki onları,
birkaç kez görmekle, haklarında iki üç yazı okumakla,
birkaç dedikodu dinlemekle,
haklarında hüküm verebiliyoruz?”
– Dale Carnegie

Kendinizi alkışlayın!

“İnsanın ara sıra kendisini alkışlaması gerekir” derdi dedem eskiden. Bir gün anlam veremeyip ne demek istediğini sorduğumda şöyle anlatmıştı:

“Önceleri bu alkış dediğimiz şey sözle yapılırmış. Bizim bildiğimiz alkış Tanzimat’tan sonra moda olmuş.”

Osmanlı döneminde “tahta çıkma” merasimleri, “selamlık” denilen cuma namazları, “muayede” denilen bayram tebrikleri gibi merasimler olurmuş. Padişahlar, mübarek geceler haricinde katıldıkları bu merasimlerde alkışlarla karşılanırmış. Bu alkışlarda şu sözler hatırlatılırmış padişaha:

“Gururlanma padişahım, senden büyük Allah var.”

“Mağrur olma padişahım, senden büyük Allah var!”

Düşününce, mağrur ve gururlu biz insanlar için güzel bir mekanizma gibi duruyor. Çünkü özeleştiri yapmak öyle zor ki. İnsan ara sıra şöyle bir aynanın karşısına geçip “Ben kimim, neyim?” diye kendine sormalı. Kendini karşısına alıp samimi bir şekilde konuşabilmeli. Dedemin tabiriyle *kendini alkışlayabilmeli.* Gerçi, başkalarını bile hakkıyla eleştiremeyen insanın kendisini artıları ve eksileriyle eleştirmesi beklenebilir mi sizce?

Osmanzade Taib'in *Hadikat-üs Selatin* isimli eserinde şöyle bir hikâye anlatılıyor:

Genç padişah Yıldırım Bayezid tahtın sahibi.

Bir davada padişahın şahitliği gerekiyor. Bayezid geliyor. Şahitlik edeceğini söylüyor. Osmanlı Devleti'nin "Müftiil enam"ı, yani Yüksek Mahkeme Başkanı Molla Fenari, Bayezid'in şahitliğini reddediyor. Gerekçesi ise şu:

"Terk-i cemaat eyledüğün şuyu' bulmağılen, şahadetün caiz değildür!"

Şöyle ki:

"Namazlarını cemaatle kılmadığın söylendiğinden (belki hiç kılmıyorsun ihtimaline binaen, aksini ispatlayana kadar) şahitliğini kabul etmiyorum!"

Padişah ne yapıyor dersiniz? Emrini veriyor hemen: "Urun kellesini!"

Yok, yok öyle değil.☺

Bayezid, durumu değerlendiriyor. Eksikliği gidermek için hemen tedbir alıyor. *Hadikat-üs Selatin*'de şöyle anlatılıyor:

"Hünkâr, saray-ı hümayunları pişgâhında
bir camii şerif bina idüb evkaat-ı hamsede
cemaate müdavemet buyurdular."

Padişah, sarayının bahçesinde bir cami yaptırıp (bugünkü Yıldırım Bayezid Camii) beş vakit namazını cemaatle kılmaya başlıyor.

Bizler eleştiri ve tenkit sözcüklerini çoğunlukla aynı anlamda kullanırız. Genellikle de olumsuz manalar çağrıştırır. Tenkit, Arapçadaki "nakd" kökünden geliyor. Kusurlu sözle kusursuz sözü ayırt etme anlamındadır. Ve yaygın anlayışın aksine, birinde ya da bir şeyde sadece kusur aramak demek değildir. Hem iyi ve doğru, hem de kötü ve yanlış tarafları ortaya koymaktır. Eleştiri sözcüğü de Antik Yunan'da "kritikos" (κριτικος) sözcüğünden türemiştir. Bir şey hakkında yargıda bulunma, hüküm vermenin yanı sıra, aynı zamanda bir şeyi ayırt edebilme, algılayabilme becerisini de içinde barındırır. Yani sadece yıkıcı değil, yapıcı bir farkındalığı kasteder.

Kendini eleştirebilme konusunda denge kurmayı başaramayan insanların en büyük eksikliği empati kurma yeteneklerinin olmayışıdır. Yaşanılan olaylardan ders çıkarmadıkları gibi, kendi hatalarından da başkalarını sorumlu tutar ve çoğu zaman haksız ve ağır eleştiriler ile karşılarındaki insanları kırarlar. "Benim doğrum yanlış olma olasılığı olan bir doğrudur; senin yanlışınsa doğru olma olasılığı olan yanlıştır" anlayışı bunun önüne geçebilecek önemli bir adımdır. Bu olasılığı her zaman akılda tutmak empati yeteneğini de geliştirir. Belki de düşündüğümüz gibi hatalı olan her zaman karşımızdaki kişiler değildir. Belki kusur bu sefer de kendimizdedir.

Adamın biri artık karısının iyi duymadığından endişe etmeye başlamış. Karısının bir işitme cihazına ihtiyaç duyduğunu düşünüyormuş. Bu durumu karısıyla konuşmadan aile doktorunu aramış. Doktor, karısının ne kadar duyduğunu tespit edebilmesi için adama basit bir yöntem önermiş.

"Karından 40 adım uzakta dur, normal bir konuşma tonuyla bir şeyler söyle; eğer duymazsa 10 adım kadar yaklaş, aynı şeyi tekrarla; sonra 10 adım daha yaklaş; karın seni duyana kadar, cevap verene kadar devam et."

Aynı günün akşamı karısı mutfakta yemek hazırlarken adam doktorun dediklerini uygulamaya koyulmuş. 40 adım kadar uzağa gitmiş ve seslenmiş:

"Hayatım bu akşam yemekte ne var?"

Cevap yok.

On adım kadar yaklaşmış adam, tekrarlamış soruyu:

"Hayatım bu akşam yemekte ne var?"

Kadıncağız hiç oralı bile değil.

Adam mutfağın kapısına kadar gelmiş, mesafe iyice azalmış:

"Hayatım bu akşam yemekte ne var?"

Yine cevap alamamış.

Bu sefer karısına iyice yaklaşmış ve aynı soruyu tekrar sormuş:

"Hayatım bu akşam yemekte ne var?"

"Hayatım dörttür söylüyorum! Daha kaç kez söyleyeyim? Tavuk var! Tavuk!"

Küçük Prens'te çok güzel bir cümle geçer:

"Kendini yargılamak başkalarını yargılamaktan daha güçtür.
Kendini yargılamayı başarabilirsen
gerçek bir bilgesin demektir."

Özeleştiri bu bağlamda –bilgelik boyutuna ulaşmasak bile– en azından karşılıklı huzurun tesis edildiği sosyal ilişkilere sahip olabilmek için olmazsa olmazlardan.

Freud, zihni "Yapısal Kuram" olarak adlandırdığı üç bölüme ayırır:

İçgüdüsel ihtiyaçlardan ve dürtülerden oluşan psikolojik enerjinin kaynağı olan "İd": Temel ve en ilkel benliktir. Ana kaynağı açlık, cinsellik gibi temel ihtiyaçların bencilce doyurulmasıdır. Kendisini yalnızca ihtiyaçlara göre ayarlayan, eleştiri kabul etmeyen yanımızdır.

İd ile Süperego arasındaki örgütlü, bilinçli arabulucu olan "Ego": Temel görevi kişisel güvenlik ortamını sağlamak ve "İd"in isteklerine izin vermektir.

Tüm ahlaksal kısıtlamaların temsilcisi, mükemmellik yolundaki çabaların savunucusu olan "Süperego": Bilinçdışında etkinliğini sürdürür. Ahlaksal bir yasanın savunucusu, aynı zamanda denetleyicisidir.

"İd" denen tarafımız ne kadar bencil ise, özeleştirel tarafımız "Süperego" da o kadar dar kafalıdır. Sınırlı bir kelime dağarcığı ile çoğu zaman aynı şeyi tekrar eder durur, yeni hiçbir şey söylemez. Hayal gücünden fazlasıyla yoksundur. Aradaki bu çatışma ne kadar büyük olursa özeleştiri yapma ve karşı tarafı eleştiri kabiliyetimiz de o kadar gaddar olur.

Dostoyevski'nin *Yeraltından Notlar* kitabındaki şu haykırışları ne kadar gerçek değil mi?

"Kendi huzurum için bütün dünyayı beş paraya satarım ben.
Beni kıyametin kopmasıyla çaysız kalmam arasında
bir seçime zorlasalar,
dünyanın batmasını umursamaz,
çayımdan vazgeçmeyeceğimi haykırırdım."

Özeleştiri yapmanın zorluğunu bildiğimden ve belki de bu konuda kendime güvenemediğimden, çalışma ortamında hem işleyen sistemin eksik yönlerini hem de yöneticilik vasfım ile ilgili noksan ya da hatalarımı ortaya çıkarmak için belirli aralıklarla iş arkadaşlarıma çeşitli sorular yöneltirim. Bu soruları arkadaşlarım isim belirtmeden kâğıtlara yazarak gönül ferahlığıyla cevaplarlar. Bu şekilde yapılan anketlerin gerçeği daha çok yansıtacağına inanıyorum. Yine bir gün işyerinde çok da iç açıcı geçmeyen bir denetleme sonrası personeli toplayıp bu durumdan kimin sorumlu olduğunu, buna neyin sebep olduğunu sormuştum. Şu ana kadar nadiren rastladığım özeleştirel bir cevap aldığımdan hâlâ aklımdadır bu anı.

Aldığım cevapların yaklaşık yarısı beni ya da bir üst amiri suçlayıcı şekildeydi. Birçoğu da genel olarak sistemi, gidişatı eleştiriyordu. Yine hatırı sayılır sayıda çalışma arkadaşlarından bazılarını tenkit edenler vardı. İnanır mısınız sadece bir kişiden şöyle bir cevap gelmişti:

"Eğer bir kabahatli varsa ya da bir kabahat bulmak gerekiyorsa o kişi öncelikle benim. Sonra hepimiziz. Teker teker hepimizde eksiklikler var elbette. Herkes kendi çabası ile bireysel başarısını sağlar. Bireysel başarı öncelikle kişinin bireysel atmosferini, daha sonra da işletmenin genel atmosferini ve başarısını etkiler..."

Eleştiri ile hakaret çoğu zaman karıştırılır bizde bilirsiniz. Çünkü diyorum ya, eleştirmek deyince aklımıza hemen kusur bulmak gelir. Halbuki eleştirinin, edindiği konu bakımından kaliteyi artırmak, yol gösterici bir tavır barındırmak amacıyla yapılması gerekir. Hakaret ise çoğunlukla gerçeklikten, saygıdan uzak, onur ve itibarı zedeleyebilecek ve değersizleştirme amacı ile yapılan sözler ya da davranışlardır. Bu durumda şu çıkarımı yapmak çok da güç değildir: Eleştiri fikirlere, hakaret bireye yapılır.

Haksız eleştirel tutum, anlaşmazlıkların temelini oluşturur çoğu ilişkide. Herhangi bir konuda bir tartışmaya girdiğinizde fikrinizi savunurken ya da aksine bir iddiayı çürütmeye çalışırken aşağıdaki piramidin hangi basamakları ile örtüşen davranışlar sergilediğinizi gözden geçirmeniz daha verimli eleştiriler sunmanıza ve sağlıklı ilişkiler kurmanıza yardımcı olacaktır.

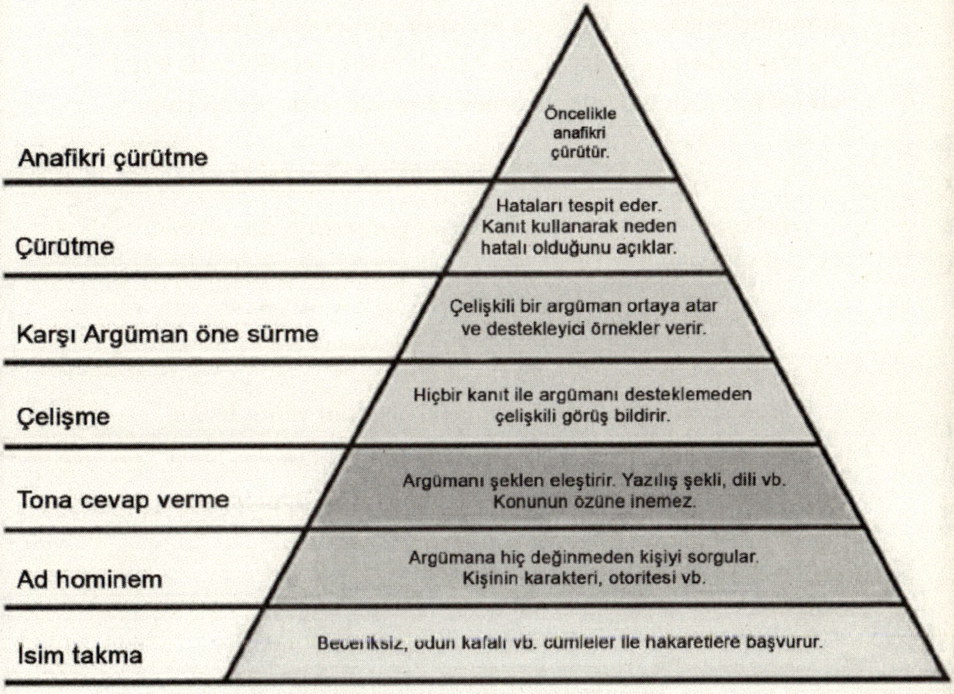

Anlaşmazlıkların Hiyerarşisi

Piramide şöyle bir dikkatlice bakarsak, üstten alta indikçe ideal ve kaliteli bir tartışma ortamından da uzaklaşıldığını görüyoruz. Eleştiri ile tartışmaların paralellik gösterdiği gerçeğini göz önünde tutarsak, en üstteki üç basamağa aykırı eleştirilere maruz kaldığınızda bu eleştirilerin mesnetsiz olduğunu kendinize söyleyebilirsiniz. Özellikle ilk üç basamağa uymuyorsa, dikkate değer eleştirilere maruz kalmadığınızı bilmelisiniz.

Peygamber Efendimiz, *"Mümin, aşırı tenkitçi, lanet edici, konuşmalarında haddi aşıcı ve müstehcen ifade kullanıcı olamaz"* (Tirmizi, *Birr*, 48) buyurmuştur. Yapıcı eleştiri yapabilmemiz için Kuran'ın bu konuda koyduğu ilkeler de ayetler de açıktır. İnsanların eleştirirken ne kadar iyi niyetli olduklarını bu şekilde de tespit etmek mümkündür. Birkaç örnek vermekte fayda görüyorum:

"Hakkında kesin bilgi sahibi olmadığın şeyin peşine düşme."
Kesin emin olmadığınız hiçbir şeyi savunmayın.

– İsra, 36

"Ona yumuşak söz söyleyin. Belki öğüt alır yahut korkar."
Eleştiri de yumuşak ve yapıcı olun.
Kişi, hataları veya noksanları konusunda öğüt alabilir.

– Taha, 44

"Ey iman edenler! Zannın birçoğundan sakının.
Çünkü zannın bir kısmı günahtır.
Birbirinizin kusurlarını ve mahremiyetlerini araştırmayın.
Birbirinizin gıybetini yapmayın."
Gıybetten uzak durun. Gizli yapılan yanlışları gizli,
açıktan yapılan yanlışları açıktan eleştirin, uyarın.
Kişisel, özel alanları *araştırmayın.*

– Hucurat, 12

"(Onlara şöyle denilir):
Sizi, düşünüp öğüt alacak kimsenin düşünüp
öğüt alabileceği kadar yaşatmadık mı?"
Hatası olan kişiye süre tanıyın,
doğruyu bulması zaman alabilir.

- Fatır, 37

"Onların söylediklerine sabret ve onlardan güzellikle ayrıl."
Muhatap olduklarınızla kırıcı konuşmayın, güzellikle ayrılın.

- Müzzemmil, 10

Karşıdakinde kusur aramak en büyük kusurlardan biridir. Anlayıştan ve özgüvenden yoksun olan kişiler her söz veya davranışın ardında bir art niyet, bir eksik, bir hata ararlar. Halbuki ne kusursuz insan aramalıyız ne de insanda kusur. Yanılgıyı kabul etmeyenler, aslında en çok yanılanlardır. Kendini hatasız kabul etmek en büyük hatadır. Dile gelen her şeyi eleştiri kisvesi altında karşısındakine söylemenin hiç kimseye yararı dokunmaz. Şu da unutulmamalı ki: "İstediğini söyleyen istemediğini işitir."

Mevlana'nın şu satırlarına göz atmakta fayda var:

"Ey kusur arayan gözlerin sahibi
Aradığın her kusuru buluyorsun.
Evet. Çokça kusur görüyorsun insanlarda.
Ama şunu bil ki

Gördüğün her kusur senden bir parça taşıyor.
Eleştiren zihninin sana yaptığı kötülüğü bir idrak etsen
Aklından vazgeçersin.
Çevir gözlerini.
Öze dön. İçine bak.
Gördüğün her kusurun izini, hatta özünü bulacaksın özünde.

Hayata geliş nedenini soruyor/sorguluyorsun.
Geliş nedenin gerçekten de kusur aramak, bulmak.
Ama kendinde.
Varlık nedenin onları kapatmak. Düzeltmek.
Mükemmelleşmek.
Gördüğün herkes sana ayna olur.
Kusurların gelir seni bulur.
Düşüncelerin bir varlık olur. Karşında durur.
Dinle, içindeki çatışmayı.
Dindir, o kaos ve kargaşayı."

Yapıcı eleştiri yapabilmek için gereken bazı hususlar var. Sizler için kısaca değineceğim:

1. Konu her ne ise, eleştiri oklarını yöneltmeden önce, konuyu etraflıca araştırmak, asgari düzeyde de olsa bilgi sahibi olmak gerekir.

2. Doğrudan kişiliği hedef alan eleştiriler hiçbir işe yaramaz. Kişiliği değil tutum ve davranışları eleştirmek esastır.

3. Çoğu kez başaramadığımız şey, *karşı tarafı tarafsızca dinleyebilmektir.* Dinlemeden, peşin hüküm ve önyargıyla yapılan eleştiriler yapıcı değil yıkıcı etkiler yaratacaktır.

4. Karşınıza çıkan her konu için bir çözüm önerisi getirmek zorunluluğunuz olmadığını ara sıra kendinize hatırlatın.

5. Karşı tarafı "adam etmek" düşüncesiyle eleştirmeyin, düşüncelerinizi zorla kabul ettirmeye çalışmayın.

6. Önce özeleştiri yapın. Kendi kusursuzluğu konusunda emin olan kişinin eleştirileri gerçeklikten uzak ve yıkıcı olur.

7. Eleştirirken tarafsız olun. "Biz" ve "onlar" şeklinde yapılacak bir ayrım eleştirinin sağlıklı olmasını engelleyeceği gibi şiddete ve tartışmalara da yol açabilir.

"Kendinizden, olduğunuz kişiden,
kendinizle taşıdığınızdan kaçamazsınız.
Kabuğunun içindeki kaplumbağa gibi,
biz de ruhlarımızın evini taşıyoruz.
Dünya üzerindeki ülkeleri gezmek sadece
sembolik bir yolculuktur. Nereye giderseniz gidin,
hâlâ kendi ruhunuzu arıyorsunuzdur."

– Andrey Tarkovski

Kendini bil!

Evet, sevgili dostlarım. Kitabın yavaş yavaş sonlarına gelirken hatırlatmakta fayda gördüğüm en önemli hususlardan birisi şudur: *Kendini bilmek.*

Ekip arkadaşlarımdan birisinin beklenmeyen bir istifası sonrasında, yetişmesi gereken bir proje nedeniyle ivedi personel almamız gerekmişti bir ara. Oldukça bilindik bir üniversiteden mezun olmuş, iş hayatında çok tecrübesi olmayan bir aday ile görüşüyordum. Ben öyle kasıntı ortamlardan çok haz almadığım gibi, aynı şartları da elimden geldiğince sağlamaya çalışırım. Samimi bir ortam içerisinde muhabbetimiz ilerlerken çocuk şöyle bir soru yöneltti bana: "Ekipteki arkadaşlar nasıllar acaba? Anlaşabilir miyim?"

Soruyu duyunca aklıma güzel bir hikâye geldi. "Dostum..." dedim. "Size kısa bir hikâye ile cevap vereyim."

Zamanın birinde köyde yaşayan dervişin yanına bir adam gelir, köye yerleşmek istediğini söyler. Ancak merakından dervişe sorar:

"Buranın insanları nasıldır?"

Derviş aynı suali adama yöneltir:

"Geldiğin yerin insanları nasıldı?"

"Bencil, insanlıktan nasibini almamış, yalancı insanlardı!" der adam.

Derviş cevap verir: "Buranın da insanları aynen böyledir evlat. Beş para etmezler."

Gel zaman git zaman bir adam daha gelir dervişin yanına:

"Ailemle birlikte buraya yerleşeyim istiyorum ama merak ediyorum yapabilir miyiz diye. Buranın halkı nasıldır?"

Derviş aynı suali bu adama da yöneltir:

"Geldiğin yerin insanları nasıldı?"

"Ne yalan söyleyeyim..." der adam. "Hepsi öyle iyi, öyle yardımsever insanlardı ki aslında. Mecburiyetten taşınmak zorundayız."

Derviş cevap verir: "Buranın da insanları aynen böyledir evlat. Öyle iyi, öyle yardımseverdirler ki..."

Çocuğun suratı hâlâ gözümün önündedir. İkimiz de hafifçe gülümserken şöyle demiştim sonunda:

"Demem o ki, bu sorunun cevabını ben veremem. Cevap sende gizli genç adam. Gittiğin yere kendini de götürüyorsun nihayetinde..."

Buna hep inanmışımdır. Nereye gidersek gidelim kendimizi de yanımızda götürürüz. Her şeyden kaçabiliriz belki. Anlamsız bir tartışmanın içinde bulduğumuzda kendimizi, hemen oradan uzaklaşabiliriz belki. Sevmediğimiz bir program başladığında tek dokunuşla kanalı değiştirebiliriz, dokunaklı bir şarkı çalmaya başladığında ağlamamak için sesini kısabiliriz radyonun. İşyerinde sürekli olarak mobbinge maruz kalan birisiyseniz bir şekilde riske girer istifa edebilirsiniz belki. Evlilikte mutsuz olan tarafsanız, buraya kadarmış deyip boşanabilirsiniz de. Birçok şeyden kaçabilirsiniz bir şekilde, ama kendinizden asla.

Yaşanan tüm sorunların, olumsuzlukların temelinde insanın kendini bilmemesi yatıyor. Farkında olmuyor ama insan en çok kendisine yabancı olarak yaşıyor bu hayatı. Daha 6. yüzyılda yaşamış olan, Yedi Bilge arasında yer alan Spartalı Khilon, Delfi'deki Apollon Tapınağı'na şu sözleri yazıyor: "KENDİNİ BİL."

Yaşam dıştan içeri değil, içten dışarı doğru yaşanır. Özündeki eşsizliği, duruluğu, iyiliği fark eden insan önce kendinin farkına, daha sonra yaşamın farkına varmaya, çevresindekilerle daha iyi anlaşmaya ve soluduğu havayı bile paylaşmaya başlar. Kendini bilen insan, kendisini başkasının yerine koymayı da bilir. Anlaşmazlıkların sona erdiği nokta işte burasıdır. Çünkü yaşam bir yansımadır.

"Yaptığın iyilikler kadar iyilik görürsün, sevdiğin kadar sevilirsin. Nefret ettiklerin kadar nefret edilirsin, insanları güldürebildiğin kadar güler, ağlattığın kadar ağlarsın. Bu bir döngüdür: Kendine değer verdiğin kadar karşındakine değer verirsin. Karşındakine verdiğin değer kadar da değer görürsün."

Hinduizm'in kurallarının yazıldığı Veda'lara dayanan, MÖ 1000'li yıllara kadar uzanan Hint Felsefesi'nde geçen kurallar vardır. Kendini bilen insanın idrak seviyesinde yazılı satırlara göz atmakta fayda olacağını düşünüyorum:

Kural 1: "Karşına çıkan kişiler her kimse, doğru kişilerdir. Bunun anlamı şudur, hayatımızda kimse tesadüfen karşımıza çıkmaz. Karşımıza çıkan, etrafımızda olan herkesin bir nedeni vardır, ya bizi bir yere götürürler ya da bize bir şey öğretirler."

Kural 2: "Yaşanmış olan her ne ise, sadece yaşanabilecek olandır. Hiçbir şey, hem de hiçbir şey yaşadığımız şeyi değiştiremezdi. Yaşadığımızın içindeki en önemsiz saydığımız ayrıntıyı bile değiştiremeyiz. 'Şöyle yapsaydım, böyle olacaktı' gibi bir cümle yoktur. Hayır, ne yaşandıysa, yaşanması gereken, yaşanabilecek olandır, dersimizi alalım ve ilerleyelim diye. Her ne kadar zihnimiz ve egomuz bunu kabul etmek istemese de, hayatımızda karşılaştığımız her olay, mükemmeldir."

Kural 3: "İçinde başlangıç yapılan her an, doğru andır. Her şey doğru anda başlar, ne erken ne geç. Hayatımızda yeni bir şeyler olmasına hazırsak, o da başlamaya hazırdır."

Kural 4: "Bitmiş olan bir şey bitmiştir. Bu kadar basittir. Hayatımızda bir şey sona ererse, bu bizim gelişimimize hizmet eder. Bu yüzden serbest bırakmak, gitmesine izin vermek ve elde etmiş olduğun bu tecrübeyle ileriye doğru bakmak daha iyidir."

Peygamber Efendimiz de, bir hadis-i şerifinde *"Kim kendi nefsini tanırsa Allah'ı da tanımış olur"* diye buyurmuştur. İslami açıdan bir insanın kendini bilmesi farz-ı ayindir. Ancak kendini bilmeyen insan ne kâinatı ne de Allah'ı anlayabilme yetisine varabilir. Bir ayet-i kerimede şöyle buyuruyor: *"Allah'ı unutan, bu yüzden Allah'ın da kendilerini unutturduğu kimseler gibi olmayın. İşte onlar gerçekten yoldan çıkmış kimselerdir."*

Bu nedenle kendini bilmek yaşamın başlangıcıdır.

"Bütün acılar korkaktır,
kendisinden daha derin
bir yaşama sevinci karşısında geri çekilir."

– Stefan Zweig

Her gün bir hediyedir

Doksanlı yaşlarında gayet iyi görünümlü bir adam, karısını kısa süre önce kaybediyor. Başka kimsesi olmadığı için de evini terk etmek zorunda kalıyor. Hal böyle olunca, yaşlı bakımevine başvurmaya karar veriyor. Bakımevinin lobisinde giriş işlemleri için birkaç saat bekletildikten sonra, odasının hazır olduğu haberi geliyor. Adam nazikçe gülümsüyor.

Bastonunun yardımıyla zorla yürüyen adam yavaşça asansöre doğru yönelirken, ona eşlik eden görevli kadın, adamın kalacağı küçük odayı tasvir ediyor kendisine. Odasındaki pencerede asılı olan ve perde görevi gören kartonlardan bahsederken, "İşte bunu çok sevdim..." diyor, yeni bir oyuncak hediye edilmiş ufak bir çocuğun mutluluğu ile.

"Beyefendi, odayı henüz görmediniz, bir saniye bekleyin, vardık sayılır."

"Görüp görmememin odayı sevmemle bir alakası yok..." diye cevap veriyor adam ve ekliyor:

"Zihnimde odamı sevdiğime zaten karar verdim. Bu her sabah uyandığımda verdiğim bir karar. Mutluluk ilerisi için seçtiğim bir şey. Odayı sevip sevmemem içindeki mobilyalara, manzarasına bağlı değil ki. Onu nasıl görmeye karar verdiğime bağlı.

Seçimlerimi ben yapıyorum. Bütün günümü yatakta bedenimin artık iyi çalışmayan kısımlarından kaynaklanan zorluklardan dert yanarak geçirebilirim ya da hâlâ sağlıklı olan uzuvlarım için Tanrı'ya şükrederek uyanabilirim. Bu seçim benim.

Her gün bize sunulan bir hediyedir ve gözlerimi açabildiğim sürece, şahit olduğum her yeni güne ve hayatım boyunca yaşadığım bütün mutlu anılarıma odaklanıp şükredeceğim.

Yaşam bir banka hesabı gibidir. Yol boyunca yatırdıklarını daha sonra çekersin. Sana tavsiyem, hatıralarının banka hesabına yatırabileceğin kadar mutluluk yatır."

Bazen umutsuzluğa kapılırız. Çevremizdeki birçok asık suratlı, huysuz, yaşama sevincinden yoksun insan gibi yaşamaya devam eder, emeklilik yıllarını beklemeye başlarız. Hayallerimiz kaybolur, çocukluk enerjimizin yerinde yeller eser. İnsanın, hiçbir şeye karşı ilgisi, yaşama umudu kalmayınca, hayatın rutini altında ezilir. Hayatında yeni bir gün diye bir şey kalmaz, her gün bir öncekinin tekrarı olur. Onun olan her şeyden her gün biraz daha elini çeker. En büyük sevinç kaynağı üçüncü sayfa haberleri okuyup, bunlar benim başıma gelmedi diye sevinmek olur. Sonunda yaşam enerjisi kaybolur ve hayallerine veda eder, pişmanlık dolu bir geçmişle ömrünü tüketir.

Halbuki her yeni gün bize sunulan bir hediyedir. Her karanlık günün bir sabahı var. Bize armağan edilen bir hayat iksiri var. Hâlâ sahip olduğunuz banka hesabınızı mutlu anılarla doldurmak sizin elinizde. Her fırsatta mutluluk için şu ana noktaları kendinize hatırlatın.

1. Kalbinizi nefretten arındırın.

2. Zihninizi endişelerden arındırın.

3. Basit yaşayın.

4. Daha fazlasını verin.

5. Daha azını bekleyin.

"Bir tek varoluş şekline bağlı kalmak ve zorunluluk yüzünden boyun eğmek, var olmaktır ama yaşamak değildir. En güzel ruhlar en fazla çeşitlilik ve esneklik gösterebilen ruhlardır."

– Michel de Montaigne

Katı kurallar çıkmaz sokaklara varır

Bir derviş varmış bir zamanlar. Sürekli köyden köye, o kasabadan bu kasabaya dolaşır dururmuş. Gittiği hiçbir yerde üç günden fazla kalmazmış.

Bu durumunu merak eden biri dervişe sormuş:

"Neden bir yerde üç günden fazla kalmıyorsun?"

Derviş tebessüm içinde cevap vermiş:

"Eğer üç günden fazla bir yerde kalırsam gönlümün oraya alışacağından korkuyorum."

Alışmak tehlikelidir. Çünkü alışkanlıklar halinden memnun köleler yaratır. Halbuki alışmak ayrıdır, memnuniyet ayrı. Acıya, dostlarının ihanetine, soytarılığa, ölümlere insan çabuk alışıyor ne yazık ki. Farkında olmuyoruz ama bizi bu alışkanlıklarımız yönetiyor.

Her sabah kalktığınızda aynı sırayla hazırlık yapıyorsunuz güne muhtemelen. İş molasında öğle yemeğinizi hep aynı restoranda mı yiyorsunuz? Farklı bir yere gidince ihanet etmiş hissi uyanıyor değil mi? Her akşam neden hep aynı koltukta oturuyor, aynı televizyon programlarını izliyorsunuz? Bu rutine aykırı bir durum olduğunda içinizde bir huzursuzluk oluyor sanki ne dersiniz? Biliyor musunuz, hayat boyu süren davranışlarımızın yaklaşık olarak yüzde 95'ini alışkanlıklarımız yönetiyor. Üstelik hayatımızda kritik sayılabilecek kararların da yalnızca yüzde 5'i kadarını düşünerek alıyoruz. Ayrıca biyolojik olarak beynimiz herhangi bir tehlike anında hayatta kalmak üzere tasarlandığından; hayati önemi haiz konularda ya da stres anlarında insan aklıyla değil sezgileriyle karar alma eğilimi gösteriyor. Bu nedenle kararların büyük bir kısmını alışık olduğumuz haliyle alıyoruz.

Yaşam şartlarında ve teknolojide meydana gelen iyi gelişmeler beraberinde stres ve huzur seviyesinde de eksi yönde gelişme göstermemize neden oluyor. Her alanda stres ile baş başa kalmamız gerekiyor. Bunları üç ana başlık altında özetleyebiliriz:

Günlük stresler: Günlük yaşantımızdaki basit sayılabilecek gerilimlerdir. Yolculuk sırasında saatlerdir ağlayan bir çocuğun varlığı, trafik sıkışıklığı, ocakta unutulup yanan bir yemek, geç kalınan bir toplantı vb.

Gelişimsel stresler: Bireyin kronolojik yaşıyla bağlantılı, gelişimsel nitelikteki olayların neden olduğu gerilimlerdir. Ergenlik çağı, orta yaş krizleri, menopoz dönemi gerilimleri vb.

Hayat krizleri: Her hayata önemli derecede biçim verecek olaylardır. Ciddi hastalıklar, boşanmalar, aile bireylerinden birinin ölümü vb.

Öznel iyi oluş diye bir kavram var; bireyin, hayatından aldığı hazzı değerlendirmesidir. Öznel iyi oluş, üç ayrı kavramdan meydana gelir. Bunlar pozitif duygular, negatif duygular ve yaşam doyumudur. Pozitif ve negatif duygular, öznel iyi oluşun duyuşsal durumunu oluştururken, bilişsel ve yargısal durumunu ise yaşam doyumu oluşturur.

Birçok düşünür 20. yüzyılı ve özellikle bu yüzyılın ikinci yarısını "Kaygı Çağı" adı ile anmaktadır. Kaygı ile ilgili ilk kaynaklara Eski Yunan tarihinde rastlamak mümkün. Örneğin, Yunan tanrısı Pan'ın, halkı belirsiz korku ve şehvetle dehşete düşürdüğüne inanılır. Panik kelimesi de adını Yunan tanrısı Pan'dan almaktadır.

Konusu gelmişken kaygı ile yaşam doyumu arasındaki ilişkiyi grafikte görmekte fayda olduğunu düşünüyorum.

Kaygı, çoğu zaman endişeyle karışık üzüntü içeren, bazı hallerde şiddetli korku ve panik içeren bir duygudur. Günlük yaşantımızda rutin olarak karşılaşabileceğimiz doğal bir kaygı durumu korku, gerilim, ümitsizlik, âcizlik gibi duyguları barındırabilir. Bunlar doğal sürecin bir parçasıdır. Ancak bu duyguların artmasıyla kaygı derecesi de artabilir. Bireyin yaşamını sürdürebilmesi ve hayattan doyum alabilmesi için, her duygu gibi kaygı da duyması bir ihtiyaçtır. Yaşam doyumu ile kaygı şiddeti arasındaki ilişkiyi gösteren grafik ters U şeklindedir. Normal düzeydeki kaygı, bireyde potansiyel enerji üretip, bireyin yaşam kalitesinde gelişme sağlamasına yardımcı olur. Normal eşikteki kaygı seviyesi bireyde güdüleyici, uyarıcı ve koruyucu bir görev üstlenir. Bu durum da bireyin zor şartların üstesinden gelmesine yardımcı olur. Ancak duyulan kaygının aşırı düzeyde olması birtakım sorunlara neden olur. Kaygı düzeyinin zaman içinde azalmaması veya aksine şiddetini giderek artırması bireyde psikopatolojik durumlara sebebiyet verebilir.

Bunları neden anlattı bu adam diyeceksiniz. Alışmaktan korkan dervişten, Antik Yunan'a olan yolculuğumuzun tek bir odak noktası var: "İnsanın değişime olan direnci."

Tüm öfkemizin, kızgınlığımızın ve huzursuzluğumuzun arka bahçesinde aslında bireyin değişime olan önyargısı ve direnci vardır. Neden mi? Çünkü hepimiz, her şeyin alıştığımız gibi var olmaya devam etmesinden yanayızdır. Çevremizde karşıt fikirlerden ziyade, bize uygun fikirler olduğunda daha rahatızdır. Fakat işler rutinin dışına çıktığında, beklentilerimiz başımıza gelenler ile uyuşmadığında, hayat bizim bildiğimiz şekilde devam etmediğinde üzülürüz, hüsrana uğrarız. Öfkemiz, şaşkınlığımız önlenemez kaygı seviyesine ulaşır çoğu zaman.

İşte bu nedenle, yaşama karşı esnek bir tutum sergilemek, esnek bir düşünce şekli geliştirmek değişime uyum sağlamanın, başarının, huzurun, dolayısıyla kaygıdan uzak bir yaşamın temelini oluşturur. Sihirli kelimemiz: Esneklik.

Esneklik kavramından ne anlamalıyız peki?

- Hayata ve olaylara daha geniş bir pencereden bakmak
- Hayattan olumlu beklentileri olmak
- Gelecek için makul planları bulunmak
- Tartışma, başarı, rekabet vb. durumlarda kontrollü davranabilmek
- Farklı gelişen durumlara uyum becerisine sahip olmak
- İş ve sosyal çevrelerinde iyi iletişim kurmak

- Mücadele etmekten ve değişiklikten hoşlanmak
- Aşırı mükemmeliyetçi olmamak
- Her şeyi kontrol etme saplantısı bulunmamak
- Hoşgörülü olmak

Edinburgh Üniversitesi'nden Tony Trewavas yaptığı araştırmalarda, bitkilerin bile esneklik ve öngörülerinin insanlar kadar gelişmiş olduğunu, hesaplama gücüne sahip olduklarını ve ileriyi görebildiklerini kaydediyor.

Trewavas, bitkilerin gelecekle ilgili sorunlara açık olduklarını, bu sorunların önüne geçmek için esnek kararlar alabildiklerini savunuyor. Bitkilerin, gelecekte nerede daha güvende ya da tehlikede olacaklarını hesaplayabildiklerini iddia ediyor. Örneğin bir bitki, güneşten daha fazla yararlanabilmek maksadıyla şeklini değiştirip, yaprak sayısı ve boyutunda oynamalar yapabiliyor.

Trewavas'ın ilginç çalışmalarından bir tanesi "bağboğan" adı verilen asalak bir bitkideki davranışlardır. Bağboğan beslenmek amacıyla üzerinde yaşadığı bitkinin çevresine dolanıp, içindeki su ve yiyecekleri alıyor. Burada ilginç olan, bağboğanın, üzerinde yaşadığı bitkinin ne kadar enerji üreteceğini önceden hesaplayabilmesi ve beslenebilmek için ne kadar çaba harcayacağı konusunda duruma göre bir karara varabilmesi. Öyle ki, üzerinde barındığı bitki beslenme açısından pek de zengin değilse, ona çok fazla dolanmanın boşa harcanan bir enerji olacağını hesaplayabiliyor.

Palmiye ağacı da, örneğin, destekleyici kökleri sayesinde dik durabiliyor. Çevresinde bulunan bitkiler besin ya da ışık kaynaklarına saldırdığında, palmiye ağacı duruma hemen adapte olup, yeni destekleyici kökler geliştirebiliyor. Bu suretle yeniden güneş ışığına ya da besin kaynaklarına kavuşuyor. Bir palmiye kadar olsak yeter.☺

Fiziksel olarak da dünyanın en güçlü ağacının palmiye olduğu söylenir bu arada. Her şeyi kökünden söküp atan tropikal fırtınaları esneklikleri sayesinde zarar görmeden atlatırlar. Esnerler ama kırılmaz ve savrulmazlar. Bu yönlerinden ötürü, başarılı ve huzurlu bir yaşam sürmek isteyen kişilere, hep palmiye örneğini veririm. Çünkü palmiye gibi olmak beklenmedik zorluklara, alışılagelmişin dışındaki durumlara karşı esnek bir tavır almak demektir. Bazen yaşam boyunca karşılaştığınız sorunlar, fırtınalar sizi eğip bükebilir. Ne kadar esnekseniz o kadar güçlüsünüz demektir. İnsan, yaşam doyumuna ulaşacak gücü dışarıdan değil kendi içinden alır. Kökleriniz ne kadar derinlerdeyse o kadar dayanıklı olduğunuz ve doyuma ulaşacağınız anlamına gelir bu.

Biraz ilginç gelebilir ancak dünyada en güçlü yapılardan biri örümcek ağlarıdır, biliyor muydunuz? Ağlar ne kadar çekilirse çekilsin, ilk durumuna dönecek kadar esnektirler çünkü. Ayrıca bir çelikten iki kat daha dayanıklı ve çelikle kıyaslanamayacak kadar da esnektirler. Bu nedenle örümcek ağları, kurşun geçirmez yelek yapımında kullanılan kevlar adlı sentetik malzemeden 10 kat daha fazla darbeyi emebilme özelliğine sahiptirler. Yine, onlarca kata, metrelerce yüksekliğe sahip binaların dayanıklılığı da esnek olmalarına bağlıdır.

Lao Tzu'nun, son yıllarda oldukça önem kazanan, pozitif psikolojinin temel kavramlarından olan "resilience" (esneklik, sağlamlık, yılmazlık ve dayanıklılık) kavramını kapsayan bir sözü var: *"Hayat verici özle dolan bitkiler yumuşaktır. Ama solgun ve kuru olarak ölürler. Sertlik ve sabitlik ölümün, yumuşaklık ve kabulleniş ise yaşamın tarafındadır. Yumuşaklık sertliğe, dirençsizlik kuvvete karşı zafer kazanır."*

Daha esnek olanlar daha başarılı oluyor ve hayatta kalıyor. Esneklik insana hayat verir. Esnek olan olmayana göre her zaman daha güçlüdür.

Yalnız, esnekliği tavizkâr olmakla, adamına göre muamelede bulunmakla ya da kaba tabiri ile omurgasızlıkla karıştırmamak gerekir. Her insanın olmazsa olmazları, hayata karşı bir duruşu elbet olmalıdır. Ancak hayat, katı kurallara bağnazlık seviyesinde bağlı kalıp, amaca ulaşma yolunda kendine ıstırap çektirmek de değildir. Esneklik, gidilen yolda durmadan rota değiştirmek ve günün koşullarına göre hareket etmek de değildir. Amaç, hayatın içindeki ufak tefek sıkıntıları, sorunları, tökezlemeleri tolere edip, elde etmek istenilen hedefler ile iç huzur dengesini sağlamak olmalıdır. Unutmayın, huzur içinde elde edilmiş başarılı bir yaşam ve doyuma ulaşılmış bir hayat hedefliyorsanız kuşanmanız gereken ilk şey *esnekliktir.* Bu size yolun son bulduğu yerde yeni yolların keşfini garanti edecektir.

İki Şey

Kilise tarafından yakılarak öldürülen,
Rönesans felsefesine öncülük eden filozoflardan biri olan
Giordano Bruno'nun (1548- 1600) "İki Şey" öğretisi:

İki şey "Niteliksiz İnsan"ın özelliğidir:

1. *Şikâyet*
2. *Dedikodu*

İki şey çözümsüz görünen problemleri bile çözer:

1. *Bakış açısını değiştirmek*
2. *Karşındakinin yerine kendini koyabilmek*

İki şey yanlış yapmanı engeller:

1. *Şahıs ve olayları akıl ve kalp süzgecinden geçirmek*
2. *Hak yememek*

İki şey kişiyi gözden düşürür:

1. *Demagoji (Laf kalabalığı)*
2. *Kendini ağırdan satmak (Vazgeçilmez göstermek)*

İki şey insanı "Nitelikli İnsan" yapar:

1. *İradeye hâkim olmak*
2. *Uyumlu olmak*

İki şey "Ekstra Değer" katar:

1. Hitabet ve diksiyon eğitimi almak
2. Anlayarak hızlı okumayı öğrenmek

İki şey geri bırakır:

1. Kararsızlık
2. Cesaretsizlik

İki şey kâşif yapar:

1. Nitelikli çevre
2. Biraz delilik

İki şey ömür boyu boşa kürek çekmemeni sağlar:

1. Baskın yeteneği bulmak
2. Sevdiğin işi yapmak

İki şey başarının sırrıdır:

1. Ustalardan ustalığı öğrenmek
2. Kendini güncellemek

İki şey sizi milyonlarca insandan ayırır:

1. Sorunun değil çözümün parçası olmak
2. Hayata ve her şeye yeni (özgün, orijinal, farklı) bakış açısıyla yaklaşabilmek

İki şey başarıyı mutlulukla beraber yakalamanın sırrıdır:

1. Niyetin saf olması

2. Ruhsal farkındalık

İki şey gelişmeyi engeller:

1. Aşırılık (Mübalağa, abartı, ifrat)

2. Felakete odaklanmış olmak

İki şey çözüm getirir:

1. Tebessüm (Gülümseme)

2. Sükût (Susmak)

İki şeyin değeri kaybedilince anlaşılır:

1. Anne

2. Baba

İki şey geri alınmaz:

1. Geçen zaman

2. Söylenen söz

İki şey ulaşmaya değerdir:

1. Sevgi

2. Bilgi

İki şey "hayatta önemli olan her şey" içindir:

1. Nefes alabilmek

2. Nefes verebilmek

"Batan güneş için ağlamayın,
yeniden doğduğunda ne yapacağınıza karar verin."

– Dale Carnegie

Sakin ol dostum!

Ne zaman bazı şeyler için geç kaldığım hissine kapılsam, hevesim tükenmek üzere olsa aklıma doktor olan bir arkadaşımın şu sözü geliyor: "Dostum, yarına çıkmaya senedin var mı? Ne yapacaksan şimdi yap. Şimdi. Geç diye bir şey yok. Kaçırılan şimdiler biriktirmemek lazım hayatta." Kendisi tıp fakültesinden mezun olduğunda kırklı yaşlarının ortasındaydı, o yüzden onun sözleri çok değerlidir benim için.

Sizlere birinden bahsedeyim. Hayatında hiç tiyatroya gitmemiş birinden. Merakına dayanamayıp cebindeki tüm parasını tereddüt etmeden tiyatro biletine vermiş bir gün. Salona girmiş, gözlerinde ışıltıyla. Başlamış heyecanla oyunu izlemeye. Oyun bitmiş. İzleyiciler dağılmış. Bizimki öylece kalakalmış izlediği muhteşem oyunun etkisiyle. Bir ara temizlikçi gelmiş, salonu boşaltması için ikaz etmiş adamı.

"Bana müdürünüzün yerini söyler misiniz? Bir konu hakkında görüşmek istiyorum" demiş adam.

Müdüre gitmiş. Ne olursa olsun, ne iş olursa olsun yapabileceğini, ekibin bir parçası olmak istediğini söylemiş. Müdür ise çok şanslı olduğunu, şu sıralarda bir temizlikçiye ihtiyaçları olduğunu, fakat önce onu denemesi gerektiğini belirtmiş. Deneme süresince uzun süredir el değmemiş bir kütüphanenin temizliği için sorumluluk vermiş adama.

"İşte burayı temizle. Eğer beğenirsem seni işe alırım."

Tiyatro sevgisinin verdiği şevk ile kısa sürede istenileni yapmış adam. Müdür, samimiyetine inanmamış. Çünkü diğerleri gibi işi savsaklayacağını düşünmüş, fakat odanın temizliğini görünce hayretler içinde kalmış. Aylardır içeriye girilmeyen oda tertemiz ve düzenliymiş.

"Tamam..." demiş müdür. "Seni işe alıyorum."

"Fakat benim yatacak yerim yok efendim."

"O zaman burada yatarsın. İşe de daha erken başlamış olursun."

Nihayet istediği olmuş. Tiyatronun bir parçası olacakmış bir şekilde. Derin bir nefes almış huzurla. Odayı terk ederken müdür, "Adın neydi senin, buraya yazalım" demiş.

"William..." efendim. "William Shakespeare..."

Shakespeare, kendisini bizim gözümüzde şu anki konumuna getiren serüvene adım attığında bir temizlikçiydi. Ve kırklı yaşlarındaydı. Yeter ki istesin insan ve samimi bir çaba sarf etsin. Zaman mefhumu geçerliliğini yitiriverir işte o an. Hiçbir şey için geç değildir artık.

İnanın o kadar çok örnek var ki tüm sayfayı bunlarla doldurmak istemem ama uç bir durumdan bahsetmeden geçemeyeceğim de. Ingeborg Syllm-Rapoport adlı bir kadın, Yahudi olduğu gerekçesiyle, Nazi Almanyası'nda sözlü doktora sınavına kabul edilmiyor. O tarihten tam 77 yıl sonra Hamburg Üniversitesi Tıp Fakültesi'nde sınavını başarıyla veren kadın, 102 yaşında doktor unvanı almaya hak kazanıyor.

Yaşam, uzun bir yolda süren kısa bir yolculuk. Ama sakin ol. Geç kalmadın hiçbir şey için. Kalpten istediğine ulaşmak için, zihninden geçenleri değil, tam da ihtiyacın olan deneyimleri yaşayacaksın. Sakin ol. Geç kalmadın. Erken de değil. Sadece yaşaman gerekeni yaşıyorsun. Yeni güne ilk başlayan ülkedir Kiribati. Kiribati, Türkiye'den ortalama 9 saat ileride. Ama bu bizi yavaş yapmaz. Çevrenizdeki insanlar da sizden çok ileride yaşıyormuş gibi görünebilir hayatı. Kimisi 3 senede bitirir 4 yıllık üniversiteyi, ama uzun süre işsiz bekler. Ya da ömür boyu sevemeyeceği bir mesleğin tutsağı olarak yaşayabilir. Kimisi de, babamın tabiriyle, çift dikiş mezun olur, zar zor. Ama daha mezun olmadan huzur içinde çalışacağı bir ekmek kapısı bulmuştur bile. Yaşam, sayısız fırsatlarla doludur. Belki de önemli olan not ortalamanız değil, karşınıza çıkan ihtimalleri nasıl değerlendirdiğinizdir. Bilemeyiz. Bu yüzden sakin ol. Unutma, Steve Jobs, 4 üzerinden 2,65 not ortalaması ile mezun olmuştu liseden. Reed Üniversitesi'ne ise 6 ay devam edip yarıda bırakmıştı. Ama hayatın sonu değildi. Asa Candler, Coca-Cola'yı kurduğunda 41 yaşındaydı. Mimar Sinan, Süleymaniye Camii'ni inşa ettiğinde 70 yaşını geçmişti. Yaşamda herkes "kendi zamanına" göre yaşar. Senin diğerine göre bir adım ileride ya da geride olman çok bir şey ifade etmez. Senin yarışın kendinle, kendi zaman diliminde olmalı. Herkes kendi zamanında yaşıyor çünkü. Hayat birileriyle kendini yarıştırmak değil, harekete geçmek için doğru zamanı beklemektir.

Kaç yaşında olduğunun ya da birilerinden kaç adım geride, ileride olduğunun bir önemi yok. Kendini nerede görmek istediğinin ve şu an nerede olduğunun farkındalığına varmanın önemi var. Ve kendini kaç yaşında hissettiğinin önemi var. Ne güzel soruyordu Satchel Paige: "Peki siz kaç yaşında olduğunuzu bilmeseniz, kaç yaşında olurdunuz?"

Her şey zamanını bekler. Bir hikâye vardır, genç bir çocukla bir kelebeğin anlatıldığı. Karşıma her çıktığında, Mevlana'nın şu sözü gelir aklıma:

"Her şey vaktini bekler.
Ne gül vaktinden önce açar ne de
güneş vaktinden erken doğar. Bekle, senin olan sana gelecektir."

Bir genç ve ustası kozasından çıkma zamanı neredeyse gelmiş bir kelebeğin farkına varır. Kelebek dışarı çıkabilmek için kozasını yarmaya, zorlukla yol açmaya çalışıyordur. Çocuk heyecan içinde kelebeğe yardım etmek ister, hemen kozayı açarak kelebeğin çıkmasını hızlandırmaya çalışır. Çocuğun yardımıyla dışarı çıkan kelebeğin kanatları onu taşıyamaz. Kelebek düşer ve ölür.

Genç şaşkın bir şekilde ustasına döner hemen: "Ne oldu usta? Yardım etmek istemiştim sadece!"

Ustası şöyle der: "Biliyorum evlat, iyi niyetinle yaptın bunu. Ancak istemeden, onun vaktinden önce kozasından çıkmasına neden oldun. Kelebek kozadan çıkmaya çalışırken aslında kanatlarını da güçlendirir. Kanatları onu taşıyacak kadar güçlendiğinde kozayı da parçalayabilir hale gelir, dışarı çıkar ve yaşama dahil olur."

Her şeyin bir zamanı var, her şeyin bir nedeni. Hayatı kabullen. Sakin ol. Çünkü her şey olması gerektiği gibi, korkma. Sen de tam olman gereken yerdesin. Ne geç kaldın ne de erkencisin. Yaşamın ne eksik ne de fazla. Bil ki kusursuz bir düzen var, senden gayrı. O'nun ilmi ve iradesi dışında yaprağın bile kıpırdamadığı bir yaratan var, hatırla. Beklentilerinin farkında ol.

"Minnet..." diyor Andre Comte-Sponville. "Erdemlerin en hoşudur ama en kolayı değildir." Beklentilerini, minnetle değiştirmeyi öğren. Nimete körlük çağında en zor şeydir kanaat ve şükür. Kanaat etmeyi ve şükretmeyi unutma. O zaman göreceksin, mucizenin ta kendisisin.

Mucize sensin!

Kişilik Testi Cevap Anahtarı

Çöl Yolculuğu Testi

Çöl ve deve teması kişisel bağımsızlığa doğru yolculuğu sembolize eder. Özellikle, bu senaryo bir sevgiliyle ayrılma dönemindeki duygularınızı açıklar. Yanıtlarınız, sevgilinizle yolları ayırma zamanı geldiğinde nasıl tepki verebileceğinizi gösterir.

a. Deveye o an söyledikleriniz, aşkın yok olacağını fark ettiğinizde kendinize ne söyleyebileceğinizi, ne hissettiğinizi gösterir. "Bir şekilde başaracağız!" gibi umut içeren sözler mi sarf ettiniz? Yoksa umutsuzluk içinde "Kaybolduk!", "Kesin öleceğiz!" gibi cümleler mi kurdunuz?

b. Psikolojik olarak, vaha kişinin problemlerini çözmesi için anahtarı temsil eder. Burada karşılaştığınız kişi, geçmişte size yardımcı olan, size huzur veren biri ya da ihtiyaç duyduğunuz zamanlarda başvurabileceğiniz biri olabilir.

c. Yolculuğun sonunda ulaştığınız şehir, kırılan kalbiniz iyileştikten sonraki duygularınızı temsil eder. Şehre vardığınızdaki hisleriniz biten bir ilişkiniz sonrasındaki nihai hislerinizdir.

d. Yeni yolcu, kendinize gizli bir rekabet, kıskançlık ya da kızgınlık hissettiğiniz bir kişidir. Rakip olarak adlandırdığınız kişi sevdiğiniz ile aranızda bir kişi ya da geçmişte kalbinizi kırmış biri olabilir.

Çöp Kutusu Testi

Çarpıp devirdiğiniz çöp kutusundan yola döküldüğünü düşündüğünüz şeyler aslında sizin dış dünyadan saklamaya çalıştığınız şeylerdir.

a. Bu cevabı verdiyseniz muhtemelen hayatınızı uluorta yaşamayı sevmiyorsunuz. Olduğunuzdan başka görünmek gibi bir kaygınız yok. Neyse o. İçiniz dışınız birsiniz. Oldukça dürüstsünüz hayata karşı ve bu sizi çekici bir insan yapıyor.

b. Yola poşetlenmemiş çöplerin döküldüğünü seçtiyseniz, dışadönük bir yapıya sahip gibi görünseniz de aslında içiniz kimseye ifade edemediğiniz duygularla dolu. Bu duyguları sadece genel bir sıkıntı olarak hissediyorsunuz. Eğer düşünürseniz gerçekten hissettiklerinizi söyleyeceğiniz kişiler olduğunu fark edeceksiniz.

c. Bu şıkkı seçtiyseniz eğer, muhtemelen iştahınızı ve yeme dürtünüzü bastıran bir kişiliksiniz. Belki diyet yapıyorsunuz. Belki de yemekten kısarak para biriktirmeye çabalıyorsunuz. Kilolarınız size sıkıntı veriyor da olabilir. Şartlarınız her ne ise bu sizi kötü etkiliyor.

d. Güzel bağlanmış siyah bir çöp torbası hayal ettiyseniz eğer, kendinizi kontrol etme mekanizmanız oldukça gelişmiş diyebiliriz. Zayıf görünmekten ya da mızmız olmaktan nefret ediyorsunuz çünkü gururunuz buna müsaade etmiyor. Başkalarının neler hissettiğinizi bilmesi zayıf olduğunuz anlamına gelmez. Biraz ipleri gevşetin. Çöpler kokmaya başlamadan, içeriye biraz hava girsin.

Mağara-Yarasa Testi

Aslında yarasanın size söyledikleri, sıkıntılı anlarda başkalarına nasıl yardımcı olduğunuzu simgeliyor.

a. Her şeye burnunu sokabilen bir yapınız olabilir. Her şeyi bilen birisi gibi davranma eğilimindesiniz. Başkalarına tavsiye vermekte çok bonkörsünüz. Ancak bazen hiç gerek yokken de yardıma koşuyorsunuz. Bu durum müdahaleci biri gibi görünmenize neden oluyor.

b. Kocaman bir kalbiniz var. Bencil olmayışınız başkalarına örnek oluyor. İnsanlara gücünüzü ve şefkatinizi hissettiriyorsunuz. Bir sıkıntı durumunda size gelebileceklerini bilmek onları rahatlatıyor.

c. Yardımcı olmak istemediğinizden değil ancak insanların özeline olan saygınızdan dolayı onlardan uzak duruyorsunuz. Bu durum, sorunlarını kendi başlarına çözmeleri için onları cesaretlendiriyor.

d. Yere düşen biri gördüğünüzde aklınıza gelen ilk şey tekmelemek. Başkalarının acılarından az da olsa keyif almak doğal görünebilir fakat bu bir bahane değil. Bu davranışınız, ikili ilişkilerinizi etkileyebilir. Dikkat edin!

Fırtına Testi

Fırtına hayatımızdaki kontrol edemediğimiz durumları, beklenmedik olayları temsil eder. Sevdiğiniz bir arkadaşınızla tartıştığınız zaman nasıl davranacağınız seçtiğiniz şıkta gizli.

a. Siz aranızdaki sorunları çözmeye çalışırken öncelikle karşı tarafın öfkesinin dinmesini bekleyenlerdensiniz. Onlar bağırıp çağırıp içlerini boşaltırken siz sadece izliyorsunuz. Daha sonra da kendi fikirlerinizi soğukkanlı bir biçimde açıklıyorsunuz. Bazıları için bu akıllıca dursa da, bazıları sinsice buluyor.

b. İçinizdekileri açık açık döktüğünüz sürece bir tartışmanın sonunun ne olacağı çok umurunuzda olmuyor. Zaten haklı olduğunuzu düşündüğünüzden, tartışılacak bir şey yok size göre. Karşınızdaki öfkelenirse, siz daha çok öfkeleniyorsunuz. Eğer karşınızdaki sesini yükseltirse, siz haykırıyorsunuz. Tartışmak için ideal bir insan olmasanız da nerede durduğunuzu kestirmek kolay en azından.

c. Tartışmalar ve karşıtlıklar size göre değil. Herhangi bir nedenle tartışma çıktığında bile siz karşı tarafı sakinleştirmeye çalışıyorsunuz. Bu davranışınız bazen işleri daha da kötüleştiriyor ne yazık ki. Ara sıra fırtınayı göğüslemelisiniz.

d. Her suçlamaya karşı makul bir cevabınız, her kabahatinize bir özrünüz var. Her tartışma, sizin için, atışma yeteneğinizi geliştirdiğiniz bir gösteri edasında geçiyor, fakat bu haliniz başkalarına çok sahte ve bunaltıcı geliyor. Büyük ihtimalle bunun için verecek bir cevabınız vardır.

KAYNAKÇA

1. D. S. Dunn, *Research Methods For Social Psychology*, Yayınevi: Wiley-Blackwell, 2008

2. Solomon E. Asch, *Social Psychology*, Yayınevi: Oxford University Press, 1987

3. William Fergus Martin, *Four Steps to Forgiveness: A powerful way to freedom, happiness and success*, Yayınevi: Global Forgiveness Initiative, 2014

4. Rolf Dobelli, *Hatasız Düşünme Sanatı: Yapmamanız Gereken 52 Düşünce Hatası*, Yayınevi: NTV Yayınları, 2013

5. Brickman & Campbell, *Hedonic relativism and planning the good society*. In M.H. Appley (Ed.), *Adaptation level theory: A symposium*, Yayınevi: New York Academic Press, 1971

6. https://www.forbes.com

7. https://www.all-about-psychology.com/adlerian-psychology.html

8. Alfred Adler, *Sosyal Duygunun Gelişiminde Bireysel Psikoloji*, Yayınevi: Hayat Yayınları, 2000

9. https://www.psychologytoday.com

10. Tadahiko Nagao & Isamu Saito, *Kokology: The Game of Self-Discovery Paperback*, Yayınevi: Touchstone, 2000

11. Jiddu Krishnamurti, *Yaşam Kitabı*, Yayınevi: Omega, 2017

12. Dino Buzzati & Claudio Toscani, *Il segreto del Bosco Vecchio*, Yayınevi: Mondadori, 1993

13. Beverly Engel, *The Power of Apology: Healing Steps to Transform All Your Relationships: Healing Steps to Transform All Your Relationships Paperback*, Yayınevi: Wiley, 2002

14. Elisabeth Kübler & David Kessler, *Yaşam Dersleri*, Yayınevi: Ege Meta Yayınları, 2002

15. Nüvit Osmay, *İnsan Mühendisliği*, Yayınevi: Alfa Yayıncılık, 2016

16. Louise L. Hay, *Pozitif Gücün Büyüsü*, Yayınevi: Diyojen Yayıncılık, 2019

17. Michael Starbird & B. Burger, *Etkili Düşünmenin 5 Elementi*, Yayınevi: Okuyan Us Yayınları

18. John Adair, *Kişisel Başarı İçin 100 Harika Fikir*, Yayınevi: Babıâli Kültür Yayıncılığı, 2015

19. Ahmet Şerif İzgören, *Avucunuzdaki Kelebek*, Yayınevi: Elma Yayınevi, 2018

20. Osho, *Bir Sabun Köpüğüdür Hayat*, Yayınevi: Omega, 2014

21. Alvin Toffler, *Future Shock Mass Market Paperback*, Yayınevi: Bantam; Reissue edition, 1984

22. Richard Carlson, *Ufak Şeyleri Dert Etmeyin*, Yayınevi: Beta Kitap, 2018